AF432713

LA TECNOCIENCIA Y EL LABORATORIO DEL YO

Miguel Iradier

Índice

ISBN: 9798227114341
www.hurqualya.net

LA TECNOCIENCIA
Y EL LABORATORIO DEL YO

Miguel Iradier

Imagina que enciendes el móvil. Tienes una aplicación especial con un menú de interfaces para otro componente especial incluido en el hardware, un electrón confinado en un pozo cuántico. El juego consiste en modificar los estados de la partícula con el mínimo de ayuda de interfaz. Hay muchos niveles. En el límite, tendrías que poder soltar tu móvil y sintonizar/interactuar con el electrón a voluntad. ¿Sintonizar o controlar? Esa es la cuestión.

Introducción

Si la tecnología es antes el problema que la solución, usarla como solución de todos los problemas sólo amplifica al infinito el problema original. En el siglo XX se escribió sin cuento sobre la ciencia y se hicieron toda suerte de reflexiones profundas sobre la técnica, pero, de manera casi increíble, la relación que existe entre ambas se resiste a cualquier tratamiento razonable, mínimamente consistente. Y así, todo lo que digamos sobre la ciencia o sobre la técnica, por más que pretenda circunscribir su dominio, tiene que ser igualmente deficiente y falto de alcance. El saber-poder es un sujeto decididamente impuro que recuerda a un perro rabioso girando en círculo para morderse el rabo, y al que nadie se atreve a ponerle la mano entre la cola y los dientes.

Que este engendro moderno de la tecnociencia reduzca a tal impotencia nuestra capacidad de análisis ya lo dice todo. Apenas se advierte que es la ciencia, en tanto que arte sacerdotal, la que crea el marco de discursos sobre usos y aparatos, limitándose la tecnología al papel auxiliar de rellenarlos en nombre del beneficio del consumidor. Si en el horizonte de fusión hombre/máquina en que vivimos todo esto parece ya nimio es porque ha desaparecido cualquier sentido de la responsabilidad, y si ha desaparecido el sentido de la responsabilidad es porque se siente que no se puede hacer otra cosa.

La imagen del perro es por supuesto un chiste. Si en lugar de ello afirmara que la tecnociencia es una criatura que aún se revuelve en su huevo tal vez nos recorriera un estremecimiento. Se diría que uno tiene en la mano ese huevo y sopesa qué hacer con él. Hay en la palabra y en la cosa un potencial latente que no ha visto todavía la luz. Acercarlo al umbral de la conciencia es contrario a la deriva actual.

La utilidad de estas cosas para el hombre es lo de menos; no hay que preocuparse de dar de comer al que ya se ahoga en el vómito por sus excesos. Al contrario, se trataría de liberar eso que ahora está entretenido apretando un botón. Cuando dejamos de oprimir algo, ese algo tiene oportunidad de ascender. Podría ser la naturaleza, podría ser *nuestra* propia naturaleza.

Sin embargo aquí voy a hablar de leyes y de máquinas, cosas que atesoran un alto grado de abstracción. ¿Para qué? ¿Qué sentido tiene, cuando sólo absteniéndonos de su contacto tendríamos oportunidad de ver a dónde va todo? No encuentro una respuesta para esto. En el fondo, creo que se trata del más puro e injustificado optimismo por el futuro de la ciencia y de la técnica. O tal vez no tan injustificado, si éstas son un fiel reflejo del orden mundial, siempre transitorio.

Disposición de la mecánica

Quien elige un principio, seguro que ya ha elegido el final y hasta los medios. Para acercarse a la relación entre la ciencia y las máquinas, no hay nada mejor que los tres principios de la mecánica de Newton. Incluso plantear correctamente la mecanología, que es sólo una parte de nuestro tema, demanda una comprensión de la mecánica que traspase de lado a lado la visión convencional. Nadie sabe lo que puede un cuerpo, decía Spinoza; veamos entonces si los principios de la mecánica lo saben.

Los tres principios de Newton, surgidos como enmienda de los propuestos por Descartes, no sólo pertenecen a la física sino que tienen una indudable base común con los niveles más inmediatos de la experiencia humana en general. Lo que no significa que deban confundirse sin más con esa experiencia: cualquiera admitirá que están extraídos o abstraídos de ella, constituyendo la parte que nos parece cuantitativamente más relevante.

Ni que decir tiene que, dejando a un lado toda consideración cualitativa, esa parte cuantitativa ni agota ni engloba todos los aspectos medibles, sino que se contenta a lo sumo con simplificarlos. Cualquiera de los tres principios se perfila sobre un fondo de posibilidades indefinidamente mayor.

El primero de inercia, ya perfeccionado por Descartes, comporta el magno problema del sistema de referencia. Pero tanto la inercia como el sistema de referencia se siguen despachando con un mero expediente geométrico. Si de verdad se trata de hacer física y no sólo matemáticas, el origen de coordenadas de un marco de referencia, como muy justamente dice Patrick Cornille [1], ha de localizarse siempre en el centro de masa de una partícula puntual, cuyo valor ha de incorporar. Que la masa pueda existir en un punto es ya otra cuestión. Esta conexión es la indispensable precondición para que la descripción formal en términos de espacio y tiempo tome contacto con lo material a través del movimiento. Abundando en lo dicho, el movimiento de una bola que rueda ha de estar referido a ejes de coordenadas inerciales externos al objeto o sistema, con lo que tenemos un objeto aislado con la propiedad de no estar aislado.

El segundo que define la fuerza, no hace explícito que sólo se tienen en cuenta las fuerzas controlables. En física todo lo controlable es medible, pero no todo lo medible es controlable. En mecánica no puede haber cantidades incontrolables, pero en la realidad las hay por todas partes. Piénsese en la ley constitutiva de los materiales, donde es imposible hacer experimentos que midan simultáneamente los tres valores principales de la tensión o de la deformación. Las fuerzas derivadas de las combinaciones y grupos de rotación también pueden presentar este problema. Las cantidades incontrolables en absoluto son privativas de la mecánica cuántica.

El tercer principio de acción y reacción, tan subestimado y tan esencial, marca precisamente la línea de demarcación entre los sistemas abiertos y cerrados. Curiosamente Newton parece introducirlo para blindar los muchos aspectos inciertos de la mecánica celeste, aunque sea allí donde menos se puede verificar, como no dejaba de lamentar Hertz, que incluso llegó a proponer otros principios. Como se sabe, en el problema de Kepler no hay materia en el centro de la órbita. En la electrodinámica de Maxwell y Lorentz el tercer principio tampoco se cumple de partícula a partícula, sino que es necesario incluir el siempre nebuloso concepto de campo.

En las fuerzas sin contacto o fundamentales de la física moderna la cantidad conservada es el momento, no la acción y reacción. En estas fuerzas sin contacto se supone entonces un agente o medio que controla o entrega la acción entre un cuerpo y otro. La mecánica newtoniana y sus sucesoras actuales parten de un tiempo absoluto con simultaneidad o sincronización global, de tal modo que la mediación local de la información, la forma de comunicación, resulta imposible de especificar por principio. Por otro lado también en la mecánica con contactos con que evaluamos nuestras máquinas e ingenios empezamos por ignorar el contacto aislando un sistema ideal.

Ahora bien, antes de atender quejas, me gustaría subrayar que, aunque estoy tomando los argumentos de diversos físicos, mi punto de partida es la experiencia biomecánica de mi propio cuerpo. Me interesa partir de la experiencia en primera persona aunque por sí sola difícilmente me hubiera permitido llegar a estas conclusiones. Con un poco de paciencia, y con los más sencillos ejercicios isométricos de equilibrio basados en los tres ejes del espacio, cualquiera puede cerciorarse de que el centro de gravedad de su cuerpo, su marco de referencia físico, admite un juego tan complejo que de hecho comporta todo ese fondo más amplio del que los principios de la mecánica clásica emergen. Cualquier experto en biomecánica admitirá sin reparos que muchos problemas básicos de juegos de fuerzas o tensores en el cuerpo son intratables, a pesar de que nuestro organismo en movimiento los resuelve sin pensar a cada momento.

Así que, por lo que parece, esta cotidiana biomecánica que nos acompaña en nuestro cuerpo ya es más amplia y profunda que la que intentamos aplicar a todo el universo, aunque ciertamente no se nos antoje la más directa ni la más práctica para tratar problemas externos que son los que constituyen el objeto de la física.

Como ya observó Mach, el concepto de masa y el tercer principio están tan unidos que parecen redundantes; lo que sucede sin embargo es que de los tres principios es en el segundo que recae el peso central —no interrogamos a los cuerpos sino con fuerzas y a través de fuerzas. Entonces, en la mecánica clásica de la que ha partido todo, la fuerza ha sido siempre la interfaz.

¿Que la concreción física del primer principio está en desacuerdo con la idea de covariancia galileana y de la relatividad especial? ¿Que esto se refleja de forma inevitable en el tercero? Pues peor para la covariancia galileana y la relatividad especial. No estamos discutiendo ahora sobre qué es lo más conveniente para la caracterización externa de los problemas, que es el asunto de los físicos. Estamos tratando de ver qué pudiera haber antes de las conveniencias y arbitrajes de la física, en términos de la física misma. Esta contradicción aparente se hace verdaderamente necesaria si queremos terciar de forma significativa en el continuo ciencia-tecnología.

Y aquí es donde llegamos a una circunstancia tan evidente como poco notada. Los tres principios de la mecánica tratan de poner en un mismo nivel tres modos que, por lo demás, y siempre pueden estar en niveles lógicos diferentes. El principio de inercia es una posibilidad, el de fuerza un hecho bruto, la acción-reacción —un mismo acto visto desde dos caras— es una relación de mediación o continuidad. Son lo que el gran lógico Charles Sanders Peirce llamó primeridad, secundidad y terceridad en sus modos o categorías, que se corresponden con las tres personas de la gramática de todas las lenguas. Sabido es que Peirce usaba las concepciones de Hegel para restituirlas al contexto más físico y normativo kantiano.

Lo que no excluye, naturalmente, los múltiples deslizamientos de esos tres momentos, exactamente igual que ocurre en los razonamientos de los físicos, y que pueden estar más o menos justificados en función del punto de partida o de llegada. Podríamos en muchos casos considerar la fuerza como lo primario y la resistencia o reacción como secundaria; pero tanto el orden histórico de aparición de los tres principios como su reabsorción en la experiencia humana hacen más aconsejable el primer orden de correspondencias.

En este sentido tan elemental la física ya es de suyo una semiótica sin la menor necesidad de añadirle nada. Claro que toda la lógica de la ciencia descansa en la separación del sujeto con respecto al objeto, mientras que la actividad de la técnica consiste en la reapropiación de ese objeto transformado por el sujeto. La ciencia siempre ha buscado la nivelación universal, pero nunca ha dejado de aumentar el número de sus niveles; la técnica parte del aprovechamiento oportunista de las conexiones entre niveles diferentes conducentes a esa nivelación universal del uso que ahora llamamos conectividad.

Pero no abandonemos tan pronto la ciencia. Se podría pensar que los deslizamientos semánticos afectan sólo a los "asuntos internos" de la ciencia, a sus razonamientos, pero no a su frente externo, que es el que realmente le importa. Sin embargo, la historia misma es el mejor aval de que tales desplazamientos o corrimientos de tierra son a menudo los hechos más determinantes, dando fe de un doble movimiento de creciente exteriorización e interiorización, de reorientación desde los principios a los fines, y viceversa. Recordémoslo brevemente.

El mero principio de inercia es algo tan insondable como la estupefacción de mi rostro ante a un móvil que no funciona, y no es casual que haya llevado más de dos mil años perfilarlo, y que aun Galileo necesitara la ayuda de Descartes para llegar a una formulación medianamente aceptable. Sigue siendo por su puesto un principio incompleto porque de la inercia sabemos tan poco como del vacío, la masa o la gravedad. Que un cuerpo en movimiento uniforme tenga la misma caracterización física que un cuerpo en reposo no es algo fácil de aceptar, entre otras cosas, porque acaba para siempre con la idea del reposo. De hecho es tan difícil de aceptar como que cuerpos de peso distinto caigan a la misma velocidad.

Desde entonces hubo que lidiar con dos estados distintos de reposo. Pero la cosa no quedó ahí. Volviendo a la idéntica caída de objetos de peso diferente, el principio de equivalencia de la relatividad general —recordemos el famoso experimento mental del ascensor en caída libre— propone o estipula que la fuerza de la gravedad equivale a las fuerzas ficticias de inercia, es decir, no es una fuerza en absoluto. Creo que la forma más inmediata de acusar esto es decir que la gravedad no produce deformación en los cuerpos cuando produce movimiento (dejando a un lado las fuerzas de marea de índole geométrica), mientras que sí los deforma cuando algo se opone a su potencial (achatamiento de los cuerpos estáticos). Otra observación no menos digna de estupefacción, aunque ya en 1609 Kepler diera claras muestras de conocer esta equivalencia. Podemos hablar así de *tres estados de reposo*, cubriendo la entera gama de reposo relativo, movimiento uniforme y movimiento uniformemente acelerado.

A menudo, los teóricos contemporáneos en pos del campo unificado echan de menos un simple principio rector, algo en el estilo del principio de equivalencia relativista. Pero ya Simone Weil se preguntaba [2], sin ocuparse en absoluto de cuestiones técnicas, porqué hemos dado en pensar en la gravedad como una fuerza que lo mueve todo en lugar de verla como una tendencia al reposo. Si diéramos un paso más tal vez tendríamos que decir que es el reposo mismo visto desde el lado del movimiento y la distribución heterogénea de los cuerpos. En las mismas ecuaciones de campo la energía de la gravedad es negativa y cancela la energía asociada a la materia; como se cancelan las fluctuaciones cuánticas en un espacio plano.

Lo que le da todo su interés a la física, su verdadero móvil, es que siempre es algo más que geometría y movimiento, y eso es lo que se trata de algún modo de *sacar a la luz*. Ese "más allá del movimiento" es su auténtica pero invisible frontera. Dicho de otro modo, la geometría y el movimiento son la parte visible de algo que no puede hacerse ver. Considerando la relatividad especial, se ha dicho desde Pearson que un observador que viajara a la velocidad de la luz no percibiría movimiento alguno y viviría en un "eterno presente"; pero está claro que la luz se mueve y hasta pulsa con más precisión que el mejor reloj, luego esto es sencillamente falso. Si algo físico ha de haber fuera del movimiento y del tiempo, ciertamente no puede ser esto.

La relatividad especial —que es el marco general de la relatividad— es una teoría de conservación local que crea infinitos marcos de referencia, lo que no es menos extraño que el más extraño éter. La relatividad general —que es el marco especial de la relatividad para la gravedad— se rige sin embargo por el principio de conservación global, y es por eso que se recupera hasta cierto punto la mecánica del continuo. Sin embargo la propagación de la luz está determinada por la misma homogeneidad del espacio, mientras que en la gravedad destaca lo heterogéneo de la materia, como si esta consistiera justamente, según la expresión de Nicolae Mazilu, en las regiones confinadas a las que el espacio no tiene acceso.

La relatividad especial y general no están realmente conectadas y ya se sabe que ni siquiera ha sido posible la descripción geométrica del electromagnetismo, de modo que la misma mecánica clásica tiene una gigantesca laguna en su centro sin necesidad de mentar a la mecánica cuántica. Cabe decir al menos que en los años más recientes, y ya en pleno siglo XXI, se han desarrollado teorías gauge de la gravedad consistentes que satisfacen el criterio formulado por Poincaré en 1902, a saber, elaborar una teoría relativista en el espacio plano modificando las leyes de la óptica, en lugar de curvar el espacio con respecto a las líneas geodésicas descritas por la luz[1]. De manera muy notable, esta nueva y vieja teoría gauge permite sintetizar el principio de equivalencia y el general de la relatividad en un nuevo principio de equivalencia gauge que incluye rotaciones, pero ahondar en todo esto tan interesante nos alejaría demasiado de nuestro tema[2].

¿Son esto meras cuestiones semánticas? Aun si lo fueran, todo indica que han marcado los más grandes giros de orientación de la historia de la física, luego no parecen nada desdeñables. Hace ya mucho que se ha hecho de la física un asunto de cálculo, pero, siendo el cálculo el medio entre los principios y las interpretaciones, no tiene más remedio que subordinarse a ellos. De hecho, es fácil ver que cualquier cambio profundo ha de pasar necesariamente por estos últimos, siendo la labor del cálculo llenar todo el espacio que los separa.

Si semejantes desplazamientos y cambios críticos de orientación tienen lugar ya en el mero marco de las tres leyes de la mecánica no menos que en las tres personas de nuestro más llano lenguaje y práctica social, podemos dar por descontado que tienen un papel clave en las transiciones y la evolución tecnológica sin necesidad de rastrear ejemplos en la historia, que dejo para el lector interesado. Encaja a la perfección en este contexto la primera clasificación funcional de Jacques Lafitte de máquinas pasivas, activas y reflexivas.

Pondré finalmente el ejemplo más dramático de la relevancia de los principios y su desplazamiento con respecto al sentido. En cuanto a su espíritu, los tres principios de Newton pueden resumirse en la frase "nada se mueve si no lo mueve otra cosa", o bien que nada se mueve sin una fuerza externa. Ni la relatividad ni la mecánica cuántica pretenderán nunca algo distinto, y este es el motivo más básico de que, en vista de que todo aquí es movimiento, sólo parezca razonable explicarlo mediante un gran impulso externo original o gran explosión, a pesar de que las primeras y más precisas predicciones de la radiación de fondo de microondas no fueron las de Gamow u otros creacionistas, sino las de los físicos que asumían un universo en equilibrio[3]. Este es el mejor ejemplo de que el supuesto básico y sobreentendido se impone sobre todo lo demás, que por el contrario se procura acomodar al supuesto.

Y sin embargo, y en virtud de ese mismo viejo principio de equivalencia que ya asombraba a Galileo y a Kepler, es posible crear una mecánica consistente con las mismas observaciones que diga algo muy diferente e incluso completamente lo contrario. Se puede, tal como hace Assis[4], plantear una mecánica completamente relacional sin usar el concepto de inercia introduciendo a cambio el principio de equilibrio dinámico, de forma que "la suma de todas las fuerzas de cualquier naturaleza actuando sobre cualquier cuerpo sea siempre cero en todos los sistemas de referencia".

Lo diametralmente contrario a las llamadas leyes de la mecánica también permite una descripción consistente con lo que conocemos. Así, por ejemplo, Alejandro Torassa muestra una dinámica válida para todos los observadores en el que "el movimiento de los cuerpos no está determinado por las fuerzas que actúan sobre ellos, sino que son los propios cuerpos los que determinan su movimiento", equilibrando las fuerzas que actúan sobre ellos[5].

El mismo mundo, los mismos hechos, pueden describirse con principios e interpretaciones diametralmente opuestas, sin perjuicio de que otras consideraciones añadidas puedan llevar a divergencias. Si esto no produce asombro, no sé qué podría hacerlo. A pesar de la equivalencia primaria de teorías, insistamos algo más. Para el mismo principio —interno— de equivalencia de la relatividad general las fuerzas ficticias y las fuerzas reales causadas por interacción entre los cuerpos *no* son iguales, puesto que las primeras no conservan su valor al pasar de sistemas de referencia no inerciales o otros inerciales, a diferencia de las otras. El marco relativista depende de esta separación tanto como el marco newtoniano.

Como advierte Torassa, "la experiencia no muestra que existen fuerzas ficticias que no se comportan como las fuerzas reales", algo que, desde el punto de vista de la primera persona no se puede objetar. Pero, ¿cómo es posible armonizar esto con la descripción newtoniana y sus herederas? Elemental: porque, en una dinámica de autoimpulso, en una autodinámica, "el estado natural de un cuerpo en ausencia de fuerzas externas no es sólo el estado de reposo o de movimiento rectilíneo uniforme, sino que el estado natural de movimiento de un cuerpo es cualquier estado posible de movimiento… todo estado posible de movimiento es un estado natural de movimiento" .

Pero ya el cuarto corolario de Einstein para el principio de Mach suponía que "un cuerpo en un universo que por lo demás estuviera vacío no tendría inercia"[6]. El movimiento de un cuerpo sin inercia puede ser cualquier movimiento. ¿Cómo puede seguir teniendo esto vigencia en este nuevo modelo sin inercia, cuando sabemos que el mundo está lleno de fuerzas? Pues justamente con el autoimpulso que propone Torassa, que es lo que las equilibra. *En principio*, sólo estamos desplazando los principios. ¿No habíamos advertido que la inercia no era una cuestión inofensiva?

Y en realidad una dinámica de automovimiento como la de Torassa, por absurda que pueda parecer a primera vista, tiene grandes ventajas sobre los complicados arbitrajes de la física clásica moderna. Pues no hay un sólo principio de equivalencia, sino cuatro al menos, si es que no se da una gama continua. Hoy, para acomodar a las variadas circunstancias y fenómenos que se presentan, se habla de un principio de equivalencia muy débil, uno débil, uno medio-fuerte y finalmente otro fuerte, que recuerdan inevitablemente a las categorías por pesos del boxeo. ¿Y no hay uno super-fuerte? Tendría que ser el autoimpulso de Torassa, puesto que es el único que engloba a todos los demás incluyendo también el principio de relatividad general que demanda que todos los sistemas de referencia tengan las mismas leyes naturales.

Si digo la verdad, mi principal interés por la física ha sido siempre mi rechazo y mi deseo de rebatir la idea de que sólo somos objetos de fuerzas externas. Para mí al menos se trata tanto de rechazar eso como de saber qué es lo que se ha perdido en el intento. A menudo buscamos respuestas imposibles sólo porque sabemos con certeza que lo que se propone no puede ser la verdad, sino sólo un descarado acomodo. Pero lo cierto es que no hace falta pedir imposibles, basta con mirar las mismas cosas desde el otro lado. Tal vez no sea del todo casual que los dos autores citados procedan del hemisferio sur.

Y eso mismo, ver el otro lado, es lo que querría hacer el círculo rabioso del saber-poder por más que sea eso lo que más fortalece esa dinámica. Está claro que los tics y tecnopatías de la tecnociencia viven más de la separación que de la unidad, pues es sólo cuando se separa que hay cosas luego por reunir.

Y ya que estamos hablando del Gran Animal de lo social, es inevitable un apunte sobre la sociología del conocimiento y las teorías funcionalistas de círculo cerrado que tienen su origen en Durkheim y Malinowski y florecen con los juegos del lenguaje de Wittgenstein y los paradigmas de Kuhn. Estas teorías se inclinan a pensar que lo social crea una realidad propia que tiende a cancelar toda otra realidad. Uno prefiere pensar que lo social de lo que se adueña es del sentido de la circulación, no de un significado que sigue estando ahí en medio de todas nuestras pugnas y diatribas y es ajeno a cualquier presión por la conformidad. Veremos más adelante cómo esto concurre con el tema de la realidad física y sus arbitrajes en una línea tan elemental como la que hemos tratado.

Insistamos todavía en lo que el superprincipio de equivalencia-relatividad supone. En su mero uso el lenguaje ya suele revelar la práctica científica harto mejor que la teoría. Ha habido siempre una magna y divertida confusión en el uso de las expresiones "fuerzas inerciales" y "fuerzas no inerciales", no menos que la habido con respecto a qué es especial y general en las dos teorías de la relatividad. Ahora bien, la experiencia de primera mano no nos dice en absoluto que haya unas fuerzas "auténticas" entre los cuerpos que deban cumplir con el tercer principio y unas "pseudofuerzas" o "fuerzas ficticias" que estén eximidas de cumplirlo. Esta distinción es totalmente oportunista y obedece a un propósito de cálculo, pero hay que pagar un precio por ella.

Si la suma de todas las fuerzas es cero en cualquier estado, sólo podrán medirse ratios de fuerzas; introducir aquí constantes con dimensiones tendría que estar fuera de lugar.

Otra forma de enunciar este principio sería decir que "la suma cero de todas las fuerzas produce el movimiento observable", algo que cierta inercia mental hace difícil de aceptar. Tal vez lo captamos mejor si decimos que "el movimiento observable produce una suma cero de fuerzas", es decir, equilibra a las que tampoco son observables. El equilibrio de fuerzas nunca ha de confundirse con su ausencia.

"Siempre vendremos a parar a lo mismo, el movimiento es inmutable y el cambio es inmóvil". Esto no lo dijo Mach, sino Machado en su inspirada metafísica de poeta. La física pareció terminar para siempre con el reposo pero siempre lo ha llevado encima, como quien busca los anteojos que lleva puestos; con su matematización del móvil, supone ya el reposo absoluto dentro del movimiento mismo. Queda entonces por captar el movimiento dentro del reposo, y finalmente, la interpenetración de ambos. Y así se cumplirá que la piedra de fundación rechazada por los constructores se convertirá en su día en la guía y piedra angular.

El experimento mental del ascensor de Einstein fue una buena jugada, pero el ejercicio supremo consiste en dejar de pensar que exista inercia en absoluto. Abandonar el supuesto por completo. No existe mayor suspensión de "la actitud natural", como decía Husserl, no existe mayor *epojé*. Esa reducción trascendental es lo único que permite darle la vuelta a la reducción operada por la ciencia sin violencia y sin tener que tirar la casa por la ventana, pues a nadie se le pide que abandone sus operaciones y cálculos. Que exista la inercia mental es algo que también hay que poner en duda. Reintegrar el movimiento y el reposo en la inercia para luego hacer desaparecer a ésta es una puerta abierta para pasar de la mera la identificación al puro conocimiento por identidad.

Pedirle a un físico que se olvide de la inercia es como decirle a alguien que no piense en un elefante rosa. Hasta entonces ni se le había ocurrido detenerse en ello, pero desde el momento en que se le invita a evitarlo su fantasma no le abandona.

La posición de la primera persona no es indiferente a los asuntos eminentemente de tercer nivel del discurso científico ni a los de la disposición técnica. La intencionalidad no está en la experiencia, aunque parezca atrapada en ella. Cambiemos de tercio y consideremos cómo interactúa esta primera persona con un supuesto objeto en el entorno más minimalista posible.

Digital y analógico

Volvamos ahora al pozo del electrón en el móvil —aunque también podríamos haber supuesto un diapasón o un giroscopio integrados— ¿Cuántas maneras puede haber de influir en su estado? La respuesta inmediata es que habrá tantas como tecnologías e interfaces, y en tal sentido, tal vez pueda decirse que el número de posibilidades para valores discretos no es muy elevado; si lo que queremos es variedad, siempre se puede acudir a sistemas más complejos.

Ciertamente, a medida que las nanotecnologías se aproximan a la manipulación de átomos y estados de partículas individuales estamos cruzando un umbral que hay que ponderar debidamente. Por un lado, se ha repetido hasta la saciedad que las leyes del mundo cuántico tienen poco o nada que ver con las del mundo macroscópico en cuanto a tiempo, espacio y casualidad. Por otro, ni de los formalismos cuánticos ni de ninguna de sus interpretaciones se sigue dónde y en qué orden de longitud pasamos de la mecánica cuántica a la clásica —de hecho las previsiones sobre el tamaño de los transistores han debido corregirse permanentemente debido a esta enorme laguna. Finalmente, la misma idea de manipulación mecánica de átomos y partículas ya supone una obligada continuidad con nuestras nociones de mecánica ordinaria, con sus ruedas, manivelas y palancas. Surgen además los mismos problemas que ha tenido la ingeniería desde el comienzo de la revolución industrial, problemas como la estabilidad, el control, la disipación del calor, las fluctuaciones térmicas y la termodinámica en general.

Se está produciendo por tanto un decisivo solapamiento de los tres grandes dominios de la física: el clásico, el cuántico, y el termodinámico. Y a diferencia de objetos tan remotos e hipotéticos como los agujeros negros, aquí sí que se dispone de todo lo necesario para hacer estas cuestiones palpables. El problema aquí es que llevamos a remolque ideas y teorías que cristalizaron en un entorno experimental infinitamente más pobre pero imponen todavía sus anteojos.

Tampoco es cierto que todo esto se esté consiguiendo gracias al insuperable poder predictivo de la mecánica cuántica, tal como dicen los teóricos, sino más bien todo lo contrario. La mecánica cuántica ni siquiera puede predecir el colapso de su propia función de onda, por no hablar de interacciones colectivas o del problema recién comentado de la demarcación entre su dominio y el clásico. Por más que hacer cálculos sea arduo y tenga su mérito, es evidente que una teoría que sustrae infinitos de infinitos de forma recurrente y sistemática es capaz de predecir todo lo que sea necesario —después de que haya tenido lugar. Pero tan duro o más que hacer cálculos a posteriori es tener que vérselas como ingeniero o experimentador con entidades de las que no se tiene la menor idea de cómo casan con nuestra realidad. Y el punto es que ahora el interés de este trabajo tendría que ser aún más teórico que práctico, si tan solo la teoría reconociera sus limitaciones.

No hace falta recordar que muchos descubrimientos importantes en este dominio se han hecho en contra de las predicciones de los teóricos. Sabido es cómo en 1956 Bohr y von Neumann llegaron a Columbia para decirle a Charles

Townes que la idea del láser, que requería el perfecto alineamiento en fase de un gran número de ondas de luz, era imposible porque violaba el inviolable Principio de Indeterminación de Heisenberg[7]. El resto es historia. Pero esto no ha sido la excepción sino la tónica general.

La distancia entre bombardear o estrellar partículas e intentar coordinarlas según una finalidad con el tacto presciente de un ladrón de cajas fuertes no puede ser más abismal; una diferencia tal tendría que reflejarse de forma proporcionada en la teoría. Si no lo ha hecho todavía, es porque ésta aún no ha acertado a soltarse del yugo. Pero esto no ha de durar mucho tiempo.

El empeño en manipular mecánicamente a átomos y partículas lleva ineluctablemente a ver los límites de aplicación de los tres principios en el dominio cuántico. Pero el mero hecho de que ya se consigan muchas aplicaciones consecuentemente mecánicas a escala atómica cuestiona abiertamente la idea de que el mundo microscópico ignore la mecánica clásica. Paso a paso la mecánica cuántica va descendiendo de su limbo y se ve forzada a encarnarse y a tomar contacto con nosotros.

Las mediaciones mecánicas a nivel microscópico pueden ser terriblemente complicadas, y por otro lado la lógica de Peirce es elíptica e involutiva sin remedio, estando más que visto que los intentos de retomarla no han conducido a parte alguna. Este carácter involutivo podría incluso adoptarse como una vía de regreso, naturalización o reapropiación, si no fuera porque no es así como nos reapropiamos las cosas. Y el empleo de la analogía, que aquí tendría que resultar providencial, queda "reducido" al valor esquemático de los diagramas que presiden el razonamiento matemático.

No hay duda de que el cómputo digital tiene muchas ventajas sobre el analógico, siendo la mayor de todas el control, la eliminación de los factores incontrolables. Así pues, lo digital es ya de entrada sinónimo de control, y hablar de una sociedad digital equivale a hablar de una sociedad de control; revertir esa elección es más que problemático. ¿Pero quién ha dicho que lo analógico tenga que ser un auxiliar del cálculo?

En las nanotecnologías no todo es manipulación; la sintonización y la modulación —ajuste y autoajuste— son igualmente importantes. La detestable afirmación de Bacon de que a la naturaleza hay que obedecerla para dominarla, en la base de nuestra sociedad moderna, podría encontrar aquí espacio para su rectificación. No sólo podríamos utilizar el mínimo de manipulación mecánica para sintonizar con ella, sino aprovechar esa sintonía para ajustarnos a nosotros mismos.

La técnica ha ido evolucionando desde un arcano e insondable principio de instrumentación a uno mucho más complejo y reflexivo de organización-información. Con su éxito también aumenta su grado de reflexividad o autoconciencia y va pasando gradualmente de la interacción con el medio externo y su dominio al control y administración de sus recursos internos, que alcanzan la prioridad. Hay pues un proceso de despliegue o emergencia que no tiene por qué regenerarse indefinidamente. De hecho en los procesos orgánicos el aumento de complejidad va ligado a una restricción creciente íntimamente ligada a lo que entendemos por envejecimiento, esclerosis o fragilización. Librada a sí misma, y si otros factores no lo impiden, la llamada sociedad digital es inherentemente una sociedad de control que tiende al cierre de su sistema y que, muy lejos de ser gobernada por la inercia se opone activamente a la emergencia de lo nuevo.

Si proponía el experimento mental de una aplicación que permitiera un contacto directo con un átomo o partícula no era ciertamente para tratar de probar la unidad cuerpo/mente o mente/materia, puesto que esa unidad ya la doy por descontada, sino más bien para sondear las posibilidades y umbrales de su desacoplamiento. Y si para liberar la intención de la disposición recurrimos a una suerte de reducción trascendental, aquí habría que proceder más bien por reducción al absurdo. Busquemos algo que nos suene lo bastante absurdo y veamos si desde ahí es posible descender a realidades más prosaicas.

En su libro sobre los misterios del Polo, Ibn Arabi dice haber conocido personalmente a alguien que había visto a la serpiente que ciñe a la montaña de Quaf que rodea la tierra con su cabeza mordiendo su cola. El hombre la saludó y la serpiente respondió para pedirle luego noticias de Abu Madyan, por entonces vivo en Bugía. El viajero se asombró de que la serpiente supiera su nombre, pero ésta le dijo que todos los seres del mundo, de los animales a las piedras, lo conocían, salvo los djinns y los hombres con alguna contada excepción.

En un lenguaje cibernético y de control, diríamos que la serpiente es el proceso de individuación que marca los límites de cada individuo en relación con el ambiente y lo hace emerger del indeterminado océano de la posibilidad, de forma tal que cualquier mundo también es un individuo entre otros muchos posibles. Por individuo entendemos aquello que está dotado de entidad propia y una forma-función dentro de un determinado ambiente cuyos parámetros no son intercambiables. Cada individuo es un ejemplar separado a la vez que sus géneros pueden engrosar un número indefinido de anillos concéntricos, o bien participar en colecciones con un comportamiento mecánico-estadístico.

Esta sería más o menos la visión de Raymond Ruyer de seres primarios con conciencia inmediata y capacidad para darse forma a sí mismos y seres secundarios o agregados de carácter colectivo. Las interacciones entre los elementos de seres colectivos tienen un carácter medible y calculable, mientras que la conciencia de los seres primarios, desde las partículas y átomos a los cerebros, no se infiere más que por la estabilidad de su forma externa y su actualización, que no es lo mismo que su acción.

Ruyer escribía en los años nacientes de la cibernética, que empezaron a aplicar los criterios de eficiencia tanto a máquinas como a seres vivos. El objetivo era tanto explicar como producir sistemas autónomos o con grados crecientes de autonomía. Los famosos trabajos de Wiener y Shannon datan de 1948, la misma fecha en que se definía la electrodinámica cuántica y la física fundamental se reducía, por primera vez de forma explícita, a una pura cuestión algorítmica. Desde Newton se había hecho lo mismo, pero ahora al menos se admitía.

En los setenta, con el auge de los modelos comunicativos, llegaría la cibernética de segundo orden, que pretendía profundizar en la idea de circularidad, con autores como Bateson, Varela y Maturana, o Kepinsky, entre otros muchos, y sus especiosas concepciones de la "ecología de la mente", la autopoiesis o el metabolismo de la energía-información. Era la enésima reinvención de la rueda.

Tras estos giros psicolingüísticos que quedaron en poco menos que nada, al final del siglo llegarían algunos intentos de devolver los problemas de la circularidad al ámbito de la física propiamente dicha: la endofísica de Rössler[8] o la teoría de la medida interna de Matsuno, Gunji y otros, en parte inspirada en algunos planteamientos del biólogo teórico Robert Rosen[9]. Esta cibernética de tercera generación volvía a la relación entre microfísica y biología retornando así un poco al espíritu de Ruyer con herramientas técnicas más sofisticadas. Sin embargo tan interesantes tentativas no alcanzan a tener mayor repercusión; sin un objetivo claramente definido, las barreras de las especialidades prevalecen sobre cualquier afán interdisciplinar.

No es que el tema del control-eficiencia-autonomía haya dejado de tener interés. Al contrario, el aparato burocrático de algunos estados y grandes compañías tecnologías busca el círculo perfecto con más ahínco que nunca. Inadvertida y simplemente, de ser un objeto de estudio hemos pasado a ser el objeto estudiado por una técnica-ciencia en permanente mejora y rectificación. Claro que esta técnica-ciencia es completamente heurística y carece por completo de principios en todos los sentidos, y aun si quisiera sería incapaz de dárselos.

Como Rosen recuerda, para muchos de los padres de la mecánica cuántica, y Schrödinger es el más conspicuo de los casos, la física más fundamental tenía mucho que decir sobre el enigma de la vida y los problemas de su autoorganización[10]; pero con el paso de los años incluso los argumentos del físico austriaco se usaron a favor de la "mera" visión molecular. Ponemos las comillas porque está claro que incluso el más simple enlace molecular nos pide que creamos lo imposible.

Después de lo dicho sobre la inercia y la disposición de lo mecánico, cualquier intento de buscar un hueco para lo amecánico podría resultar, más que innecesario, contraproducente. Tampoco se ha dejado de notar que el mismo Newton, más que demostrar que todo era mecánico, hizo lo contrario —en eso justamente estriba el gran salto operado sobre la física mecanicista cartesiana. Pero tendemos a olvidarnos de todos los detalles y deslizamientos, hasta tal punto, que luego nos tiene que parecer que la mecánica cuántica dice cosas realmente nuevas, cuando es en la escala donde está la diferencia principal. La simultaneidad relativista, incluso el determinismo local de la mecánica cuántica, son encajados en el supuesto básico newtoniano del sincronizador global, el tiempo absoluto en el que el tercer principio no tiene lugar de forma secuencial sino simultánea.

El determinismo parece evacuar al mecanicismo, aunque no lo hace imposible. Poincaré notaba que cualquier ley describible con principios de acción como son todas las de la física fundamental admiten infinitas descripciones mecánicas, que por eso mismo se convierten en irrelevantes. Un lagrangiano nunca es unívoco, lo que hace posibles incontables analogías de corte preciso y matemático.

Coincidimos sin embargo con Rosen y sus continuadores en que los supuestos conservativos que prevalecen en la mecánica cuántica inhabilitan a ésta para ocuparse debidamente de los problemas de la vida, y esto ya incluso al mismo nivel de las moléculas, por no hablar de niveles superiores o inferiores. La mecánica cuántica no es lo más fundamental, sino, muy al contrario, una forma muy especial de teoría —o de falta de ella. Volveremos luego sobre este punto.

Tanto la mecánica celeste como la atómica están basadas en las órbitas elípticas. Si el tercer principio se cumpliera sin más, la energía cinética y la potencial serían exactamente de signo contrario y su diferencia igual a cero; sin embargo el lagrangiano del sistema tiene un valor positivo, lo que sin duda hace pensar en una situación de desequilibrio permanentemente ajustada. Y en cuanto a la solución vectorial newtoniana que separa las condiciones iniciales de las fuerzas contemporáneas, es superponer dos planos distintos, pues está claro que la mecánica sólo puede existir entre fuerzas contemporáneas, y no con una mezcla de fuerzas presentes y pasadas.

En este esquema newtoniano, si la fuerza centrípeta contrarresta la velocidad orbital, y esta velocidad orbital es variable a pesar de que el movimiento innato no cambia, la velocidad orbital *es ya de hecho* un resultado de la interacción entre la fuerza centrípeta y la innata, con lo que entonces la fuerza centrípeta también está actuando sobre sí misma. El sistema entero tiene feedback, autointeracción, sin que sepamos nada de cómo esto ocurre[11].

El principio de reciprocidad de acción y reacción, del que se deriva también la conservación de energía, sólo puede tener vigencia para fuerzas internas a un sistema, nunca cuando intervienen fuerzas externas; éstas tienen que ignorar el tercer principio por definición. El tercer principio marca los límites de un sistema cerrado como las máquinas humanas hechas a nuestra escala; pero la más general conservación del momento en campos gravitatorios o electromagnéticos pasa por la contribución de un medio que presupone que el sistema está abierto.

Todo esto para recordar que los sistemas conservativos de la física fundamental no son del mismo tipo que los sistemas cerrados de nuestras máquinas, y dependen de un tipo de acción que no queda más remedio que considerar misteriosa puesto que siempre queda sin especificar. En este sentido tan básico la teoría del control y la estabilidad no son en nada ajenas a los problemas de los campos fundamentales, salvo porque el hecho obvio de que describen evoluciones colectivas de forma estadística.

Ruyer se atrevió a plantear directamente la posibilidad de que un átomo o partícula tuviera una conciencia individual de su medio. En mecánica cuántica tenemos el par medición/acción; en un átomo o partícula podemos hablar de absorción y de emisión, igual que en un animal podemos hacerlo de la percepción y la acción. Pero ambos son extremos del comportamiento observable; la conciencia, por definición, no puede ser observable, sino que ha de permanecer por siempre como un supuesto.

Es por el darse forma a sí mismas que Ruyer hablaba de formas absolutas basadas en una auto-observación infinita ajena a la causalidad, ya fuera en partículas, embriones o cerebros. Esta auto-observación permite un contacto inmediato consigo misma y con una infinidad de componentes sin necesidad de perspectiva ni distancia. Nadie dice que esto no sea problemático, pero no más que considerar mecánico a un átomo, un sistema solar o una galaxia basándose en el principio de simultaneidad, del gran sincronizador global. Ambas cosas vienen a ser equivalentes.

No se trata de que esta supuesta conciencia admita grados por analogía. No teniendo cualidades, siendo equipotencial y deslocalizada, sólo puede variar por el entorno en el que se refleja o manifiesta. En cambio los que sí que sólo pueden interpretarse mecánicamente por analogía son los principios variacionales de acción que rigen nuestra mecánica, puesto que no admiten una determinación unívoca. De modo que las cosas están al revés de lo que tan superficialmente suponemos.

Entonces, podríamos plantear una carrera ascendente y descendente para acceder a la realidad del átomo o la partícula, o, por mejor decir, dos tipos de ascenso y descenso. El primero ya ha recorrido gran parte del trayecto, se trata del trabajo experimental y de laboratorio que tiene ya más de un pie en todo tipo de aplicaciones industriales. El segundo es un descenso directo desde la conciencia sirviéndose directamente de la analogía exclusivamente en lo que hace a su entorno.

Hoy se busca tanto la manipulación como la modulación de estados cuánticos individuales, y florecen nuevas disciplinas como la medida cuántica continua, el feedback cuántico y la termodinámica cuántica, que hacen posible un filtrado creciente del ruido y una distinción cada vez más aguda entre las fluctuaciones cuánticas y térmicas. En algunos casos incluso se habla de autorrealimentación de una partícula dentro de una cavidad. Muchas de estas nuevas subdisciplinas ponen seriamente en cuestión la idea prevaleciente de la mecánica cuántica, pero al presentarse como una diversificación de aplicaciones no están en situación de presentar una enmienda a la totalidad.

Es curioso que en la historia de la mecánica cuántica haya primado tanto lo práctico y que ahora se presente a sí misma como la última palabra sobre lo fundamental. Cediendo al peso de su genealogía, la idea de separación se ha impuesto sobre la de participación. Pero el principio de Vico, que afirma que sólo comprendemos lo que hacemos, es más general que el de Descartes.

Aunque seguramente también se puede dudar de ese principio de Vico. Sé mover mi mano, pero ¿sé cómo es que muevo mi mano? De segunda mano, por así decir, no de primera. Tratemos pues de introducir en el ámbito del saber-poder el principio de Vico debidamente reformado: sólo comprendo aquello en lo que participo, y en la medida en que participo.

No es por el cálculo, sino por las artes prácticas, que mejor conocemos el mundo. El mismo concepto de eficiencia, como economía de esfuerzo o elegancia, era una noción natural en el arte de todas las culturas antes de que las técnicas fueran invadidas por una montaña apilada de mediaciones científicas; habría que sacarla del fondo de la pila. Existe un sentido natural de la eficiencia en cualquier actividad física, en la entonación justa, en cualquier gesto o pincelada.

Para pasar de un ámbito al otro, del funcional regido por el cálculo al funcional intuitivo, pensemos por ejemplo en el biofeedback o realimentación biológica. Una señal que esté en correspondencia con una función vital nos puede servir para variar ésta a voluntad, dentro por supuesto de unos límites. Sin embargo, y esto es lo importante, aquí debe quedar desterrada cualquier noción de manipulación, pues en este contexto no puede tener el menor sentido. Incluso el control, con toda su vasta teoría actual, queda subsumido en la idea de autocontrol, que lejos de ser un caso particular, parece el caso más indefinido y general.

En nuestro control físico ordinario de objetos externos también se invierte la relación entre acción y cálculo. Pensemos en el complicado equilibrio que conlleva ir en bicicleta; la dinámica a duras penas puede resolver el problema mediante las fuerzas centrífugas en caso de movimiento lento, pero se le va de las manos en casos de mayor velocidad. Y sin embargo para el ciclista es todo lo contrario: la velocidad es la solución, y la excesiva lentitud el problema. El movimiento se demuestra pedaleando.

Sin embargo dentro de la categoría del autocontrol hay algo más que ciclos de percepción y acción; hay también autoobservación. En el caso del biofeedback se presentan dos casos básicos, el seguimiento de una función de forma directa, como cuando al observar nuestra respiración la modificamos sin siquiera pretenderlo, y el seguimiento indirecto, ya sea mediante un espejo que nos devuelve nuestra imagen para intentar mover las orejas o por un aparato con sensores que nos traduce señales generadas por nosotros mismos pero de las que nosotros no somos conscientes.

El motivo del biofeedback puede parecer muy limitado puesto que desde su aparición y difusión hace cincuenta años apenas ha trascendido el nivel de una curiosidad. Sin embargo marca un punto de inflexión en la relación entre el hombre y la máquina. Si la idea más socorrida a la hora de explicar el surgimiento de herramientas es como extensiones o prótesis que proyectan fuera nuestra capacidad como organismos, y si luego hemos dado en reconocer que a partir de cierto punto se pierde toda relación armónica entre la herramienta y el órgano, aquí por primera vez empleamos la máquina para que nos ayude a tener o recobrar la conciencia de funciones orgánicas hundidas ya por debajo del umbral de la atención.

Así pues, si la técnica salió de la biología del organismo consciente, es justamente aquí que retorna a ella de la forma más mediada posible, aunque con la intención más directa. En puridad, toda la teoría cibernética del control tendría que retornar al autocontrol como su arquetipo, puesto que éste ya incorpora los ciclos de percepción y acción permitiendo el hueco justo para la autoconciencia. ¿Pero existe tal hueco, o es sólo una forma de hablar? Y también, ¿hemos llegado a estas máquinas con la intención de ayudarnos, o bien para ayudarlas a ellas a encontrar una salida fuera del cálculo?

Para lograr la autorregulación en funciones autónomas lo primero que hay que soltar es el principio de instrumentación, la idea de actuar sobre algo, puesto que ambas cosas se excluyen mutuamente. Por otra parte, si todas las herramientas nos intoxican con la sensación de multiplicación de la potencia, aquí lo que tenemos más bien es una reducción, o una desmultiplicación que no resulta reductiva en absoluto. La señal de referencia, sí, es una reducción dirigida conforme a la intención de la técnica, pero su interpretación la devuelve a la zona de contacto entre la sensación y un sujeto indeterminado.

La autorregulación demanda el abandono de la instrumentación y su reabsorción en el principio mimético, en la imitación, que tiene un sentido biológico mucho más inmediato. La imitación es la mitad activa y formativa y la percepción, primero de la señal, luego de las sensaciones, la pasiva y receptiva. La imitación es una forma de apego y la percepción, por sí sola, de ignorancia o perplejidad.

Sin desapego no hay conocimiento y sin conocimiento no hay desapego. La única forma de salir de este dilema es por la observación, que aun participando de ambos es distinta de los dos. Pero la observación de nuestra acción y percepción ya es autoobservación de suyo. La acción por sí sola es algo muy distinto de la actividad. Muy justamente dijo Rudolf Steiner que no pensamos porque somos sujetos sino que nos consideramos sujetos porque podemos pensar. El yo es un pensamiento entre otros, bien que mucho más conectado y actualizado que la mayoría; pero los pensamientos no son la actividad del pensar. A ésta sólo podemos llegar con la misma observación como actividad, no por el mero acoplamiento de acción y percepción, de percepción y pensamiento. Occidente ha confundido el pensamiento con el Logos, y nadie negará que eso ha contribuido a aumentar enormemente su volumen de producción de pensamiento, pero no a captar la pura actividad del pensar.

Y claro, ahora lo que buscamos es una analogía física y biológica en la que no resulte inconcebible este género de actividad, problema que siempre ha puesto en evidencia las limitaciones del dualismo. Pero quisiéramos una analogía que nos brinde algo más que una semejanza, una analogía que se revele funcionalmente útil a distintos niveles de organización, que pueda descender, recordémoslo, de la función biológica al átomo, y por lo mismo, ascender también en dirección contraria de lo microscópico a lo directamente observable.

¿De donde viene nuestra sensación de realidad e irrealidad? Cada sentido nos brinda una sección de percepción, pero ninguno de ellos por separado nos proporcionaría la sensación de realidad. El fondo natural e indefinido en el que ellos se asientan es en el cuerpo, como los sueños se asientan en el sueño sin sueños, del que nunca se sabe si es la conciencia vacía o el vacío sin conciencia. El crecimiento en proporciones epidémicas del sentimiento de irrealidad se debe en gran medida a la separación creciente entre esferas perceptivas, que la reparación del sueño apenas puede compensar. Como es sabido, el insomnio crónico también produce estragos en el sentido de irrealidad que tampoco los somníferos compensan.

En un texto anterior, dedicado a la biofísica y la biomecánica esbocé cierto argumento que ahora intentaré condensar. El ciclo de alternancia nasal en la respiración que exhiben los animales y el hombre tendría no sólo un papel en la regulación del equilibrio orgánico sino que definiría un cierto límite dinámico en la relación del organismo con su entorno. Conjeturaba, basándome en argumentos volumétricos, de locomoción y automoción en seres vivos, la existencia de una fase geométrica, es decir, de un desplazamiento de fase de la dinámica respiratoria en el entorno de un agujero o singularidad en la topología, un índice del hueco que buscábamos.

Un mito de los Baima dice que en el origen del mundo la primera pareja de dioses trató de envolver la tierra con el cielo pero no cabía. Para abotonarlos juntos no hubo más remedio que apretar la tierra estrujándola, de lo que resultó la irregularidad de montañas y valles, y por eso la tierra no es una mera superficie lisa. El frunce del ojal y su botón serían la singularidad no integrable en torno a la que se desplaza la fase, no sólo la signatura de un individuo, sino muestra del proceso de individuación de la que el individuo es sólo resultado. También indicaría el eje y polo de la individuación.

Curiosamente esta fase geométrica, "cambio global sin cambio local", que luego ha venido a incorporarse a la teoría del control para el movimiento de robots siguiendo ejemplos de locomoción animal como el de las serpientes, esta fase geométrica fue descubierta por Pancharatnam y generalizada por Michael Berry en 1983, momento desde el que no ha dejado de jugar un importante papel como "apéndice" o extensión de la mecánica cuántica.

Naturalmente, se ha puesto mucho cuidado en aclarar que la fase geométrica, faltaría más, no añade nada nuevo a esta mecánica, sin embargo la historia y las matemáticas no dicen lo mismo. Lo que dicen las matemáticas es que ni el espacio proyectivo de Hilbert ni la dinámica hamiltoniana bastan para describir esta fase sin el añadido de una curvatura. Y en cuanto a la historia, no hay más que recordar el desconcierto y la perplejidad que causó durante muchos años el efecto Aharonov-Bohm entre la opinión general de los físicos abonados a una interpretación local de la teoría.

De hecho el mismo Bohm, que tanto abundó en el tema del holismo y la no-localidad, no advirtió que la fase geométrica no era un fenómeno exclusivo del dominio cuántico, sino que se trata de algo universal que se presenta en los campos electromagnéticos clásicos, en el péndulo de Foucault y la fuerza inercial de Coriolis, en la superficie del agua y el movimiento de seres unicelulares, gatos y serpientes. O hasta en el acto de aparcar en paralelo o enroscar una bombilla. En qué estaría pensando gente tan argumentadora como Feynman para no ver esto.

Claro que siempre puede decirse que esto no es algo "fundamental". No sabemos cómo deciden los físicos lo que es fundamental, pero para nosotros algo que aparece a todas las escalas ya tiene algo de lo que carecen nuestras más fundamentales teorías, a saber, universalidad. Habría que ver entonces cómo se relaciona esto con lo más fundamental de todo, que para nosotros sólo puede ser el tema del marco de referencia y sus coordenadas. Sin duda quienes más han ahondado en este aspecto son Mazilu y Agop en su reciente trabajo sobre el principio de relatividad de escala, al que remitimos al lector interesado[12]. Los físicos rumanos intentan desarrollar a su vez el programa iniciado por Laurent Nottale, mayormente ignorado por las corrientes principales de investigación[13].

No tengo aquí espacio ni conocimientos suficientes para evaluar los méritos físicos de esta teoría y su desarrollo por Mazilu y Agop, pero su énfasis en el continuo, en la relatividad de escala, el nuevo significado que aquí encuentra el sistema de referencia, o el uso clarividente de la distinción entre partícula material y punto material en el sentido de Hertz, tan íntimamente relacionado con la dualidad onda-corpúsculo, pero no menos con la distinción de Ruyer entre las formas absolutas y las infinitas multiplicidades; todo esto, digo, conecta en gran medida con la perspectiva totalmente directa que querríamos adoptar respecto al tema del autocontrol y la individuación.

Recordemos que estábamos especulando sobre la extraña posibilidad de que nuestra conciencia pueda sintonizar con un estado cuántico y tal vez influir en él. En contra de la opinión más extendida sobre la radical separación entre las dos mecánicas, creemos que hay muy buenos argumentos para pensar que no estamos hablando de cosas diferentes, sino, sobre todo, de escalas de longitud y tiempo diferentes — con todo lo que eso comporta. De hecho el trabajo de Berry y Klein pone de manifiesto que siempre hay una escala de tiempo y de longitud en que las fuerzas resultan ser conservativas, independientemente de su naturaleza; Mazilu y Agop, apoyándose en argumentos de densidad y de la geometría de los parámetros, muestran que el problema de Kepler exhibe relaciones no conmutativas y conlleva necesariamente la idea de cuantización, e incluso la de los campos de Yang-Mills.

Como para conducir una bicicleta, las condiciones para interactuar directamente con un átomo o partícula son seguramente mil veces más difíciles de explicar que de hacer. De modo que más bien estaríamos justificando su posibilidad que acercándonos a ella, cuando por otro lado una práctica no necesita más justificaciones que su efectividad. Con todo, parece inconcebible que nuestra consciencia pueda sintonizar con frecuencias como las atómicas que escapan por completo a nuestro orden de cosas e intervalos perceptibles.

Por otra parte, la clasificación de estados cuánticos —puros, mezclados, coherentes, ligados, con muchos cuerpos, con cambio adiabático, etc, etc— es todo un mundo y permiten un sinnúmero de combinaciones que ahora no vamos ni a tantear.

Tenemos los estados de las partículas, y tenemos la representación o señalización de esos estados. Se trataría de ver si hay una zona de contacto entre ellos y nuestra capacidad de observación en tanto que autoobservación. Si por un lado no sabemos hasta dónde puede descender nuestra autoobservación dentro del propio cuerpo, no parece que tenga sentido hablar de dentro o fuera para muchos estados cuánticos no ligados. La cuestión, ya notada por Simondon, no es tanto que recibamos impresiones de la materia sino que la materia, igual que nos embota, también puede sensibilizarnos.

En realidad, ya se ha sugerido, todo esto no es más que buscarle la otra cara a la actual carrera en los laboratorios por la manipulación de estados cuánticos individuales en aplicaciones mecánicas o de información; del mismo modo que buscamos la desmultiplicación de potencia y la inmediatez que todas estas tecnologías hacen cada vez más remotas. Si las tecnologías son nuestras prótesis, igualmente pueden suponer la autoamputación de capacidades orgánicas ya no más reconocibles.

Hoy el cálculo es pura heurística como siempre lo fue, y la acción/percepción o imitación/percepción como método heurístico no tiene nada por lo que haya que juzgarlo inferior —salvo, evidentemente, por su ausencia de desarrollo formal. Por el contrario, abre posibilidades de interacción más directas y cercanas a lo biológico que sin embargo no tienen por qué confinarse a un ámbito; de lo que se trata es de explorar su universalidad. Las clásicas nociones biológicas de analogía y homología, de semejanza y continuidad, encontrarían así un campo mucho más vasto y libre de aplicación.

La individuación, problema y solución

Naturalmente, cabe preguntarse si este tratar de reabsorber una ciencia y tecnología instrumentales en lo inmediato es un empeño legítimo y no contradictorio. Prefiero dejar abierta una cuestión que podría decidirse en no más de diez o quince años si tan sólo se concretan las preguntas y los experimentos. Se trata sin embargo de una vía demasiado condicionada por nuestra actual tecnología y conocimientos científicos como para considerarla universal.

Si buscamos lo más básico, aquello que es independiente de aparatos, no hay más que prescindir de ellos desde el comienzo. Con todo juzgamos que puede ser conveniente sugerir una vía tecnoinstrumental para todos aquellos que ya han encauzado sus energías en esa dirección, que hoy —no hay más que ver el número de usuarios de teléfonos móviles— son ya mayoría. Puesto que las máquinas hoy conducen a la dimisión del hombre en campos verdaderamente críticos, nosotros no queremos dimitir de su control; y no por humanismo, si es el humanismo el que nos ha llevado hasta aquí.

En cualquier caso es necesario buscar un planteamiento que sea independiente de la tecnología, cualquiera que sea nuestra actitud hacia ésta. En los supuestos que hasta aquí nos trajeron, todo ha salido del yo, y todo tiene que volver al yo, en un círculo que se querría perfecto si no fuera por el pequeño detalle de que sabemos que no hay yo, y si no lo sabemos lo dudamos en todo momento.

En la estela de Heidegger y Foucault, Agamben nos recuerda que la palabra dispositivo se remonta al término *dispositio* con el que la teología trinitaria cristiana trató de definir la *oikonomía* o circulación de las tres personas de la divinidad, palabra de donde ha salido nuestra idea de administración, gestión o *management*[14]. A este respecto no deja de ser significativo el que Newton fuera, según la leyenda, un criptoarriano y antitrinitario, puesto que quiso poner los tres principios de la mecánica en un mismo nivel —la razón de ser de la mecánica es la nivelación universal. El mismo Descartes ya había propuesto tres principios, y, por motivos simbólicos, funcionales y semióticos, bien puede decirse que tanto la ciencia como la modernidad reposan en esta extrusión trinitaria con la ficción de un yo que se mantiene aparte y determina la objetividad. Esta es la razón de ser del mecanicismo cuyo punto ciego supone igualmente un punto de fuga para la mezcla bastarda de materialismo e idealismo modernos.

Fue probablemente en una reacción contra el idealismo intrínseco al símbolo trinitario que una serie de pensadores de estilo muy variado se volvió en el siglo XX, y especialmente tras la posguerra, hacia los esquemas cuaternarios como símbolos de la totalidad. Probablemente fue Jung el primero en esto, seguido luego por autores tan conocidos como Heidegger con su cuaternidad tierra-cielo-celestes-mortales, o el Schumacher de la magnífica "Guía para perplejos" con su cuádruple campo de conocimiento, yo interno-mundo interno-yo externo-mundo externo como determinantes de la experiencia, la apariencia, la comunicación y la ciencia[15].

Raymond Abellio también insistió en la falsa dualidad del objeto y el objeto y propuso una cuaternidad en la que el sujeto se desdobla en los sentidos y el conjunto del cuerpo, y el objeto se desdobla en lo recortado sobre el fondo y el fondo que es el mundo[16].

Podríamos encontrar otros ejemplos, pero aquí nos basta con estos. Creo que hay algo de suma importancia, como no dejó de notar Jung, en el paso en Europa de una clave ternaria a una cuaternaria, una transición que seguramente aún no se ha cobrado ni la mitad de su camino. Podría hablarse de la búsqueda de una nueva condición de estabilidad, en los mismos años en que en los Estados Unidos surgía la nueva teoría cibernética del control, gemela de la de la estabilidad. Podría hablarse de un intento de puesta de la materia en las mismas condiciones que los otros elementos, más formales, con que hasta ahora la hemos medido. Se ha hablado también de una reconsideración de la feminidad, que en absoluto tiene porqué confundirse con la temática de la materia —o sí, dependiendo de cómo lo entendamos. Abellio habló de una lógica de la doble contradicción en la que hay una contradicción antagonista y una no antagonista, algo que vio reflejado en el Libro de los Cambios y la interpretación de la dialéctica de Mao —y que ha tenido una gran importancia en la dialéctica del capital, tan diferente de la marxista, que se las arregla para emplear muchos problemas y contradicciones en su provecho. En fin, esta misma situación tiene ya mucho de tragedia y de comedia, que daría para largo interpretar.

También tenemos la interpretación puramente existencial, igualmente en busca de la superación del idealismo: esa cruz horizontal, situacional, como cifra de la propia existencia. Lo que no resulta admisible es verla como clave trágica del desgarramiento del yo, pues eso sólo tendría sentido si el yo estuviera en su centro, y aquí lo que vemos es que siempre queda orillado a la periferia. Esto es lo decisivo; que el sujeto, ya sea interno o externo, permanezca como un sector periférico de un nuevo centro. Aquí tenemos ya el símbolo de la nueva *oikonomía*, de la futura disposición.

Por lo visto hasta ahora no hemos llegado ni a la mitad del proceso de transición, y nada garantiza que éste tenga que ser exitoso. Y, mucho más que la ciencia o la gestión de nuestros conocimientos y recursos, nos interesa el paso *de la idea de individuo a la idea de individuación*, pues no vemos otra forma de darle salida a nuestras presentes contradicciones. Hoy el yo es algo cada vez más externo tanto para el extrovertido como para el introvertido, tal vez por eso lo pongamos como prefijo de nuestros yófonos y otros aparatos; sin embargo la disposición actual de toda su constelación está en la línea de la mecánica estadística y de las ciencias secundarias, no de las primarias: la lógica del átomo social.

Lo mejor que puede hacerse en esta situación es, obviamente, cambiar la situación, no pedir más protagonismo en un aparato con las elecciones contadas y monitorizadas. A esto corresponde la cristalización del nuevo símbolo. Y aunque ni la ciencia ni la economía son el destino, tendría que ser bueno para nosotros abrirle paso también en estas esferas que ahora son las que más nos ahogan. El idealismo, todo el mundo parecía querer superarlo; pero sólo a algunos puede sorprenderles que se las arregle para sobrevivir tan bien en el más conformista y materialista de los entornos. La lógica del cálculo y álgebra, su teoría no menos que su práctica, garantiza que nunca vaya uno solo sin el otro.

Así pues, vamos a intentar encontrar un paso para lo nuevo en lo más viejo del régimen presente, en lo que por su mismo éxito es más refractario a la modificación —el inalterado planteamiento de la ciencia moderna. En los primeros años de la cibernética Simondon insistió en que la información podía servir como "fórmula para la individuación" sólo si se pensaba más allá de la actual teoría probabilística de la información; sin embargo esta transformación tan necesaria aún está esperando su hora.

Una clara línea de inspiración para avanzar en tal dirección nos llegaba de nuevo de los Estados Unidos, en la llamada psicología postcognitiva, encarnada o ecológica inaugurada con los trabajos de psicofísica de la percepción de James Gibson. Como dice Robert Epstein, no sólo no nacemos con "información, datos, reglas, software, conocimiento, vocabularios, representaciones, algoritmos, programas, modelos, memorias, imágenes, procesadores, subrutinas, codificadores, decodificadores, símbolos o búferes", sino que no los desarrollamos nunca[17]. La analogía de lo humano con el ordenador es eso, una analogía, pero de las malas. No creo que haga falta extenderse sobre esto. En lugar de especular sobre qué hay en nuestra cabeza, Gibson trató de ver en qué está nuestra cabeza metida; de ahí el término "ecológico", que sólo se refiere a identificar lo propio o específico de nuestra interacción con el ambiente; igualmente podría hablarse de fenomenología o empirismo radical. La información que nos resulta *directamente* relevante en el entorno no son las formas o colores sino las invariantes. No hablamos de una abstracción de la invariante sino de su irreducible efectividad.

La escuela ecológica ha tenido éxitos iluminadores, aunque poco reconocidos, incluso en los problemas donde más claramente se podría interpolar el modelo del cálculo, como por ejemplo en el caso de la determinación visual de trayectorias en los batazos de béisbol. No habrá que decir que los fanáticos del paradigma algorítmico no parecen entusiasmados por la brutal simplificación de un pseudoproblema.

Sería pues del mayor interés poder encontrar más problemas, experimentos y casos en los que un proceso cinemático que envuelva a patrones perceptivos y motores se resuelve en aspectos cualitativos con sus valores propios, las invariantes sobre transformaciones específicas de las propiedades que las causaron. No creo que se puedan poner reparos a lo apropiado y científico de este programa.

Lo que buscamos es pues esta información específica, y ver si puede existir naturalmente en una matriz cuaternaria del tipo que hemos considerado. Un buen ejemplo y de muy considerable alcance sería el estudio de la percepción y acción en el movimiento rítmico coordinado, el famoso modelo Haken-Kelso-Bunz de los años ochenta.

Recordemos un ejemplo de la tarea básica propuesto por Kelso: "Tomar los dos dedos índices y moverlos arriba y abajo para que hagan lo mismo al mismo tiempo. Esto supone 0° de media de la fase relativa, lo que es fácil de hacer y mantener sobre una amplia gama de frecuencias. Ahora haz que tus dedos se alternen; esto es 180° de media de la fase relativa, y también es fácil de producir y mantener, aunque en un rango menor de frecuencias; a 3 o 4 Hz, bajo la instrucción de "no interferir", 180° se vuelve inestable y la gente de manera típica vuelve a 0°. Otras coordinaciones (especialmente el ritmo intermedio de 90°) son típicamente inestables sin entrenamiento y las personas no pueden mantenerlas frente a perturbaciones tales como el aumento de frecuencia"[18].

Este tipo de fenómenos se mantienen cuando los miembros coordinados son de personas diferentes y el acoplamiento es puramente visual. Se trata de un modelo puramente fenomenológico en que la ecuación tan sólo se ajusta al patrón de los datos. Los investigadores identifican los parámetros del sistema y diseñan una dinámica con sus condiciones de estabilidad a perturbaciones, ritmo, o escala de frecuencias. El aprendizaje se describe como una transición de fase entre el ritmo impuesto y la dinámica intrínseca. Como dice Rod Swenson, "la estrategia que se requiere para entender los ciclos de percepción-acción es la estrategia de identificar las "condiciones del campo" precedentes"[19].

Parece que esta y otras tareas, con su información específica que no desvirtúa lo cuantitativo ni lo cualitativo, pueden situarse con toda naturalidad dentro de una matriz cuaternaria como la de Schumacher o Abellio. Claro que la cuestión aquí no es ponerse a estudiarlo, sino ponerse a uno mismo en situación de poder ver en su propia periferia a su yo interno y externo —a su percepción y a su cuerpo, a su objeto y al mundo del que emerge. ¿Es esto imposible o es inevitable? No parece ni una cosa ni otra. La psicología experimental puede ocuparse del tema en lo que tiene de más particular, pero el mayor interés de este enfoque es que tendría que trascender ampliamente las especialidades.

Lo que nos va en cada *experimentum crucis* de este género es la relativización del yo, ese eterno impostor, y el desbloqueo del proceso de individuación, que comprende la relación del individuo y lo colectivo, y en el que lo colectivo hace ya a lo individual. No es pequeña cosa, y uno tiene todo el derecho a preguntarse si tales cuestiones no se resuelven mejor en lo abierto de la vida que entre las paredes de un laboratorio. Si así fuera, aún hablaría mejor del "método", puesto que significaría que puede enseñar algo de lo que el actual método científico carece. Y no me cabe duda de que en un área tan difícil de evaluar como la psicología ya lo ha conseguido.

Ignoro si Simondon, que dirigió un laboratorio de psicología y tecnología en París V, llegó a tener conocimiento del trabajo de Gibson, pero creo que es lo que más se acerca a sus requerimientos sobre información para hacer posibles cristalizaciones, transmisiones horizontales de gérmenes nuevos de conocimiento de alcance general. Podemos preguntarnos también hasta qué punto la identificación de esta información específica es imprescindible para abrirse paso en el problema límite antes planteado de la aplicación del biofeedback a parámetros físicos de partículas u otros sistemas más amplios. ¿Hay algún denominador común entre ambos extremos? ¿Es posible conectar la fase geométrica de la locomotricidad con la que puede darse en la evolución adiabática de un electrón? La misma evolución adiabática es para Berry una transición espacio-temporal; así pues, no son cuestiones absurdas en absoluto, por más que estemos llevándolas intencionadamente a su límite. Están además muy en la línea de las elaboraciones del pensador francés sobre la mecánica ondulatoria y el desfase del potencial. Muchos lectores pueden pensar que dichas elaboraciones en torno a la física se encuentran entre los aspectos más dudosos de este filósofo pero yo por el contrario pienso que revelan un instinto excelente, más penetrante que el de muchos físicos teóricos.

Desde el punto de vista de la dialéctica el cuaternario y la doble contradicción recuerdan más a la dialéctica que podían concebir los antiguos, una dialéctica no de superación y absorción sino de mero y precario equilibrio, donde las cosas siempre están donde han estado a pesar de los vaivenes y los cambios. La primera es la de Hegel, Marx y el progreso, la segunda la de Proudhon y de las culturas antiguas que nunca quisieron engañarse con la idea de una mejora continua, y con bastante más distinción prefirieron pensar que la suma de los bienes y males siempre se compensa mal que les pese a los seres humanos. Seguramente que superar algo en la vida tiene más que ver con pasar por ello que con edificar sobre ello. Incluso podría decirse que si hay algún "progreso" interno es en la medida en que no nos dejamos engañar por los cambios: tal tipo de proceso sería la individuación.

La dinámica *intrínseca* de Gibson y su noción de las invariantes perceptivas incluye ya en sí misma el ciclo de percepción y de acción; aquí estaría la "revolución" de la teoría de la información, puesto que trasciende enteramente la versión digitalizada y encauzada que actualmente impera. Y aunque Gibson no se ocupe específicamente de la teoría de la percepción del color no hay duda de que su planteamiento es extensible a este dominio sin abuso ni desnaturalización. Las invariantes perceptivas del color pueden ponerse en contacto con las teorías del color modernas, como la de Schrödinger, que implican una aritmetización del continuo cromático, y a la que Mazilu y Agop dedican unas cuantas páginas en su obra sobre la relatividad de escala, donde también se reelabora cuidadosamente el legado de Louis de Broglie[20].

Goethe, creador de un "esbozo de teoría" puramente cualitativa y fenomenológica del color, de indudable mérito en cualquier caso, no desesperaba de que algún día sus ideas encontraran su Lagrange. En la zona de contacto entre Gibson y Schrödinger, entre la invariancia cualitativa y la métrica cromática, se inscribe esta posibilidad que la inmensa mayoría ha considerado siempre una quimera. Y cuya concreción no dejaría de tener un gran alcance, puesto que el color nos sigue pareciendo a algunos mucho más que una cualidad secundaria tal como desde Galileo se viene despachando.

No es sólo que el color no sea sólo externo; no es sólo que también inunde nuestro mundo interno. Es que el color expresa una categoría superior a la de lo interno y externo, la de lo íntimo, aquello en la que ambos se interpenetran. Ahora bien, esto no es sólo mística, puesto que la única forma *aceptable* de entender las llamadas "ondas electromagnéticas" no es como ondas propagándose en el espacio, sino como un promedio estadístico del comportamiento en el espacio *y* en la materia. Este era precisamente el problema mecánico del éter electromagnético antes de que consideraciones secundarias, meramente cinemáticas, lo redujeran a la cuestión de la relatividad[21].

Algo tan elemental como el color, que nos inunda y es copartícipe de nuestro sentido de la profundidad, trasciende nuestras concepciones de lo que está dentro y fuera, el sujeto y el cuerpo, el objeto y el mundo. Si Mazilu y Agop traducen la secuencia aritmética sugerida por Georgescu-Roegen infrafinito-finito-transinfinito a la secuencia física microcosmos-macrocosmos-universo, en la relación entre frecuencia y longitud de onda de la luz "podemos decir que el color es una expresión de trascendencia del orden transfinito al finito"[22]. Por supuesto todo esto debe entenderse en el marco específico que los autores conceden a la escala de Planck y al uso que hacen de los conceptos hertzianos de partícula y punto material. Creo que se trata de un aplicación muy afortunada de conceptos para reubicarnos ante la perplejidad que toda esta conocida problemática produce.

La obra del gran psicólogo americano no es sólo clave a la hora de comprender la percepción o de suministrarnos ejemplos de información intrínseca; su idea de la percepción y de la formación de los órganos como derivados de la actividad dentro de un entorno da además una pauta extremadamente valiosa de la fase preinstrumental de la tecnología, aquella en que los distintos seres vivos y sus órganos interactúan con su entorno y excavan su propias cavernas. Excavar la propia caverna a la vez que se busca la salida de ella: otra imagen posible de la individuación.

Quiero suponer también, sin tener ahora la menor forma de justificarlo, que todos los problemas centrados en sus propios términos —en su propia cruz— tienden a dibujar anillos concéntricos en su periferia, mientras que aquellos que son desnaturalizados y forzados a la cuantificación tienden a aumentar el desorden subjetivo y seguramente objetivo. Claro que este desorden no deberíamos seguir confundiéndolo con la entropía.

Finalidad y entropía

Como ya advirtió Poincaré la entropía es un concepto extraordinariamente complejo y el gran uso y abuso que de él se ha hecho desde entonces en absoluto han contribuido a aclararlo. Si la noción de fuerza admite en el dominio más clásico un espectro de valores incontrolables, y en la energía lo inespecificado se multiplica, en el caso de la entropía parece que tocamos el límite de lo que la razón puede abstraer con algún tipo de provecho o utilidad. De hecho aquí el concepto se dispersa en una variedad de contextos de entropía, pero nadie desea introducir otro concepto de cuarto orden que estaría demasiado enrarecido para permanecer en nuestra noosfera.

Un astrofísico como Eric Chaisson nos recuerda que una medida tan simple y elementalmente física como la densidad de flujo de energía es harto más fiable y expresiva para la métrica de la complejidad que cualquiera de las definiciones de entropía, mucho más abstractas, que proliferan; y en esta complejidad incluía, naturalmente, la de la biología[23]. Lo cual ya nos dice algo, incluso si esa medida más simple pudiera no llevarnos muy lejos.

Este uso y abuso actual de la noción de entropía no es sino una parte del tributo que rendimos al mundo digital y a la computación, aunque no esté de más recordar que el contexto original del concepto con Clausius en 1865 fue el de la termodinámica de la primera revolución industrial, allá en el primer gran siglo de las máquinas. Pero, ¿cómo es que una noción tan supuestamente pragmática y multiuso como la entropía va perdiendo filo hasta no servir para aclarar casi nada? En realidad esto es algo muy ordinario en ciencia y tecnología: la extralimitación, la extensión ilegítima de un concepto nunca deja de causar más y más problemas.

Para Clausius, cuyos supuestos eran puramente energéticos y no mecánicos, "la entropía del mundo tiende hacia el máximo". A Clausius y Thompson la idea que les vino inmediatamente a la cabeza —y la primera reacción suele ser la más verdadera— fue que existía una tendencia intrínseca a disipar al máximo los potenciales o gradientes termodinámicos. La energía se degrada, y se degrada todo lo posible. La entropía es sólo la relación entre calor y temperatura, $dE = dQ/T$. Esto no tiene nada de misterioso, incluso en términos mecánicos, si pensamos simplemente que las moléculas tienden a expandirse todo lo que pueden. El calor siempre disipa, puesto que es movimiento molecular expulsado de las regiones más calientes a las más frías, donde hay menos "densidad de movimiento" o más "espacio para moverse". Evidentemente, si se mueven, tienen que moverse de donde están a lugares donde no están. Hasta aquí, la más simple estadística no puede estar contaminada por nada.

Y sin embargo, fue justamente la apropiación de la entropía por la mecánica estadística con Maxwell, Boltzmann y Gibbs, especialmente el segundo, lo que empezó a embrollar las cosas. A las cuestiones de movimiento molecular y de la cinética de gases Boltzmann añade una consideración totalmente innecesaria y subjetiva sobre el orden y el desorden —una racionalización— que ha llegado hasta hoy. Para cuando se ha llegado a admitir —y aún no por todos— que orden y desorden son nociones subjetivas, la equiparación de desorden y entropía parece que ya no tiene remedio, como si el positivismo científico hubiera exportado el desorden al sentido común.

Basándose en el modelo de un gas en un cajón cercano al equilibrio, Boltzmann avanzó que moléculas "moviéndose a la misma velocidad y en la misma dirección" eran "el caso más improbable concebible… una configuración de energía infinitamente improbable". Lo que ciertamente parece una buena conclusión para un cajón con gas, pero no para la evolución de la vida en un planeta o el universo. Boltzmann percibe lo arbitrario del concepto de orden pero es incapaz de librarse de él al depender su descripción de la apariencia de los estados macroscópicos. A pesar de todo, la biología compró este modelo y desde entonces ha supuesto, con las excepciones de rigor, que donde la física termina, y como si no hubiera contacto entre ambos, empieza la evolución.

La interpretación de la entropía como desorden ha tenido un gran éxito en las filas de los positivistas y ha sido promocionada por ellos por más que, lejos de ser una versión neutral, introduce elementos subjetivos de la forma más innecesaria. Y no sólo eso, contradice frontalmente al orden que apreciamos por todas partes y que conocemos desde los griegos como cosmos. En realidad, para lo que resultaba muy oportuno era para la demarcación de territorios entre especialidades: los físicos, cuyo linaje pertenece a la mecánica, podían hacer de la amenazante irreversibilidad un asunto secundario y macroscópico, sin mayores relaciones con la "física fundamental", que debía seguir siendo mecánica y reversible, por supuesto. Y la biología podía heredar el derecho en exclusiva a ocuparse de la organización de la complejidad en la materia.

Pero incluso desde el punto de vista de la microfísica era de lo más sencillo interpretar la tendencia irreversible a la máxima entropía como algo natural. El principio de Huygens, que es el principio universal de propagación de la luz, también para la electrodinámica cuántica, describe un frente de onda que se deforma continuamente en todas sus partes y lo llena todo —la luz se rige por el principio de homogeneidad del espacio, con el que prácticamente se confunde. La luz tiene invariancia de escala, las partículas con masa que separa y une, no; estas ya suponen ya una heterogeneidad. ¿Pero quién ha dicho que la luz sea reversible en el tiempo? Todavía estamos por ver los rayos de luz volviendo a ingresar en una bombilla.

Y por otro lado, una partícula con masa como un electrón o un neutrón puede tener centímetros o metros de sección en la medida en que otras partículas le dejan expandirse; esto es algo que en los laboratorios ya están hartos de comprobar. Es la materia del entorno la que confina a la "materia", que de otro modo se expande sin límite predeterminado ni medida, porque como onda tiende siempre al nivel más bajo de energía. Sola en el universo, una partícula lo llenaría todo. La partícula-en-el-campo y la onda son en realidad lo mismo, sólo cambian las circunstancias; sin embargo para los físicos la partícula sujeta a fuerzas no era lo mismo, o de otro modo no hubieran mostrado tal desconcierto ante los efectos de potencial del tipo Aharonov-Bohm. Bohm trató más tarde de concebir este potencial como un puro campo de información; sea como fuere, hoy sabemos que la cualidad de este potencial en absoluto es privativa del mundo cuántico sino que siempre fue universal.

Así pues, existía un gran interés entre las especialidades en mantener el equívoco de la entropía como tendencia al desorden, mientras la biología, además, procuraba desentenderse tanto como fuera posible de la evolución conjunta y se centraba en los organismos como portadores de genes empaquetados. La biología estaba encantada con un modelo muerto y mecanicista que aún daba mucha más relevancia al papel jugado por la genética como gran vector de la información a expensas de un ambiente que "sólo" operaba como selección natural. Y es que los ácidos nucleicos son manipulables mientras que cualquier interacción global con el ambiente escapa por siempre a nuestro cálculo y control.

Sin embargo, visto desde la misma materia la visión de una tendencia de la naturaleza a aprovechar al máximo su potencial se impone por sí sola. Es finalidad sin la menor intención, pero no se puede negar que es una finalidad, una tendencia activa. Comentando fenómenos de convección como las células de Bénard, Swenson habla de autocatakinesis, término ya usado por Ostwald y Lotka. Pero la gran diferencia entre la autoorganización en sistemas sin vida y la de los sistemas vivos con capacidad de replicación es que los primeros son cautivos de los potenciales locales mientras que los segundos no; unos se desvanecen en ausencia de energía y los otros, cuando falta energía aumentan por el contrario su actividad en busca de otras fuentes[24].

En definitiva, Swenson hace del "principio de máxima producción de entropía" un criterio de selección física, y la producción de "orden", en su irreductible sentido subjetivo-objetivo, algo tan inexorable como la Segunda Ley. Pues es innegable que el orden es algo subjetivo, tan innegable como que lo percibimos por doquier. Aun si sólo fuera apariencia, esa apariencia nos sigue adonde quiera que vamos. Lo insostenible es la posición de Boltzmann, la que ha triunfado, que pretende que el orden es algo objetivo a la vez que lo limita sólo al dominio macroscópico.

Los principios termodinámicos están profundamente conectados a los ciclos de acción-percepción tal como ya lo entendió Vernadsky o Gibson y ahora intentan recoger las neurociencias. Hay una inexorabilidad física y hay un oportunismo en la exploración de un agente en su campo que es el que identifica un "orden" a la vez que lo crea. Dicho de otro modo, cualquier medida de orden es oportunista, por eso es también subjetiva. Y así podemos empezar a entender que una noción con una definición inicial tan sencilla pase a convertirse en algo tan problemático, tan terriblemente complicado. La inexorabilidad física es ya un impulso en dirección a la finalidad, pero no el objeto de ésta, que sólo lo ponemos nosotros.

La piedra angular de Gibson en la relación medio-animal no es el dualismo sino el mutualismo, la reciprocidad. Esto debe traducirse en el sentido primario tanto de la termodinámica como de la información. Pero dado que al parecer no podemos desembarazarnos de la idea de orden sin deshacernos también de la idea del mundo, hay otra forma de zanjar las cosas mucho más verídica y directa que la inútil sofisticación del argumento estadístico de Boltzmann. Para Swenson, "el mundo está en el asunto de la producción de orden, incluida la producción de seres vivos y su capacidad de percepción y acción, pues el orden produce entropía más rápido que el desorden"[25].

Pretender derivar la irreversibilidad macroscópica de la reversibilidad mecánica ya es querer forzar bien las cosas. A nadie le entrará jamás en la cabeza que esto se deriva de un razonamiento natural. Y que además incluso diversos experimentos de físico microscópica comienzan a desmentir, aunque sus conclusiones no resulten muy populares entre la comunidad de físicos teóricos[26]. La evidencia experimental no dejará de crecer en los años venideros con la explosión de las nanomáquinas allí donde se manifieste el conflicto entre fluctuaciones térmicas y cuánticas. Claro que cualquier evidencia puede desviarse aduciendo la socorrida problemática cuántica de la medición o la inconveniencia de cambiar de formalismos.

Sencillamente, la mecánica permite cálculos mucho más explícitos que la termodinámica, esto es lo "fundamental". Nada hay más intuitivamente cierto e inexorable que la segunda ley para cualquiera, hasta que se interponen las consideraciones de mecánica. Por tanto, nada más natural para la visión en primera persona que aquí nos interesa que considerar esto como lo fundamental, y los sistemas mecánicos, como pequeñas islas o anillos de estabilidad. Algunos supuestos básicos de la mecánica cuántica, como la existencia de sistemas aislados con fuerzas estacionarias, son desde el punto de vista termodinámico ilegítimos.

De hecho damos por supuesto que todas las fuerzas fundamentales desde el problema de Kepler han sido deducidas de arriba abajo, de lo global a lo local, y no al revés como se pretende contar. La naturaleza no obedece las leyes que hemos descubierto, nuestras leyes son una ingeniería inversa del comportamiento de la naturaleza al que le hemos añadido una interpretación local de abajo arriba. Para Planck todavía era patente el finalismo tanto de nuestros principios de acción mecánicos como de la segunda ley de la termodinámica; otra cosa es que se prefiera olvidarlo porque interfiere con una idea nada neutral de la "neutralidad".

En esta línea no puede extrañar que surjan intentos de unir ambos extremos y reformular toda la mecánica con un nuevo principio variacional, como hace Mario Pinheiro para sistemas rotatorios fuera de equilibrio, con un conjunto de dos ecuaciones diferenciales de primer orden y un balance entre la variación mínima de energía y la producción máxima de entropía. De este modo el sistema permite energía termodinámica libre con grados de libertad entre diversos niveles y puede haber una conversión de momento angular en momento lineal con un componente de torsión que también cabe interpretar como un cambio de densidad. Con esta formulación obtenemos una mecánica irreversible de la que emergen comportamientos reversibles[27].

Una cosa que llama la atención en esta reformulación de la mecánica es la reinterpretación que hace Pinheiro —otro físico nacido en el hemisferio sur, y ya van tres— del famoso experimento del cubo de agua de Newton, heredero lejano del de Empédocles. Recuérdese que en el experimento de Newton, que cualquiera puede reproducir, al empezar a girar el cubo el agua está prácticamente plana pero al aumentar la velocidad va adquiriendo impulso por la fricción hasta que finalmente cubo y agua dan vueltas a la misma velocidad y su superficie adquiere la concavidad consabida.

Ante este concurso de una fuerza impartida y una fuerza ficticia de inercia caben tres posiciones: la del espacio absoluto de Newton, la puramente relacional de Leibniz o Mach, que la conecta con el resto de objetos hasta las estrellas lejanas, o la realmente mecánica que trata de detallar una causalidad eficiente desde abajo hasta arriba. Como sabemos, la explicación relativista se queda a mitad de camino entre Newton y Mach y no satisface ni un punto de vista ni otro. En cuanto a la explicación mecánica del tipo cartesiano, ya sea con un sustrato, vórtices o lo que se quiera, está la objeción ya comentada por Poincaré de que cualquier sistema variacional admite infinitas explicaciones. Lo cual no excluye la posibilidad de explicación sino sólo su unicidad.

La explicación de Pinheiro elude las objeciones a cualquiera de estas tres posiciones y preserva eso que parece querer dar la razón a cualquiera de las tres. "Lo que importa es el transporte de momento angular (que impone un equilibrio entre la fuerza centrífuga empujando el fluido hacia fuera) contrapesado por la presión del fluido"[28]. Que hay una causalidad mecánica, es algo tan claro como el hecho de que al agua le cuesta adquirir su concavidad estando la fricción de por medio. De nada de esto se puede dar cuenta con ficciones idealistas sobre el tiempo absoluto o las puras relaciones. Pero por otra parte la apelación a la mecánica sólo puede adoptar un cariz estadístico, como nos vemos forzados a admitir cada vez que queremos hacer explícita la relación causal, por ejemplo, en el caso de las ondas electromagnéticas.

Si la luz y el calor nos muestran una expansión omnímoda en la homogeneidad del espacio con invariancia de escala como en los procesos estocásticos, la gravedad por el contrario nos muestra la heterogeneidad a gran escala. Lo que llamamos partículas cargadas también tiene una distribución heterogénea pero sus interacciones tienden pronto a cancelarse con las distancias, mientras que la gravedad no se cancela y es siempre aditiva —por más que se le de un signo negativo a su energía total para compensar el resto de las energías. Tendiendo a concentrar materia, la primera impresión que se tiene es que la gravedad equilibra en conjunto la general disipación de energía, sin que por ello halla que juzgar que se opone a la entropía; aunque en realidad es fácil ver que aumenta el orden entendido como mayor potencial para la disipación.

De este modo la gravedad y la energía positiva ejemplifican a escala cosmológica los ciclos de percepción-acción que crean una selección mutua entre entorno y agente, no siendo al decir de Swenson todos los estados ordenados otra cosa que "estados de simetría de orden superior del propio mundo"[29].Si en las modernas teorías cuánticas de campos no podemos separar la partícula del campo sin serios malentendidos, lo mismo cabe decir de cualquier agente o ser vivo dentro de los potenciales termodinámicos. "Los estados ordenados son la producción de sus campos hacia sus propios fines". Aquí podría aducirse que tanto orden como simetría son conceptos subjetivos, y es su ruptura la que refleja la dependencia del tiempo.

El principio de máxima entropía se aprecia incluso en esos monstruos de la razón que llamamos agujeros negros, que son la forma que ha encontrado la mecánica de tragarse la irreversibilidad. El principio holográfico asociado con ellos afirma que la entropía de la masa en general es igual al área de su superficie y no su volumen; pero la luz, el transmisor universal de información, siempre ha sido un fenómeno de superficies por definición. Como Mazilu no deja de notar, no es la geometría del rayo de luz lo importante, sino su simetría bidimensional, y esto es particularmente válido para la teoría del color[30].

Finalmente, sabido es que hasta de la gravedad se ha querido hacer un fenómeno emergente producido por la entropía en vista de que todo intento de localizar microscópicamente su acción se muestra inviable. En esta última pirueta del idealismo mecanicista, todo se desarrolla sólo en un film o superficie y el universo puede equipararse a un gigantesco ordenador. Se habla continuamente de información pero no de fricción, que es justamente otro fenómeno de superficies —de contacto entre superficies, se entiende. No puede negarse que en su estilo esto es tan consecuente como altamente típico de toda una mentalidad.

Semejantes especulaciones bien podrían estar edificadas sobre el aire. En torno al principio de máxima entropía, podemos citar todavía el gran trabajo de Gian Paolo Beretta, Gyftopoulos y Hatsopoulos sobre termodinámica cuántica siguiendo la estela de Keenan y su escuela del MIT. Keenan fue el primero en demostrar que se podía definir la segunda ley por la unicidad del estado de equilibrio sin necesidad de apelar a ninguna noción de orden[31].

Como afirma Beretta, "el reconocimiento del rol central de la estabilidad en la Termodinámica es quizás uno de los descubrimientos más fundamentales de la física de las últimas cuatro décadas, pues suministra la clave para la resolución coherente del dilema entropía-irreversiblidad-no equilibrio"[32].

Esta nueva termodinámica cuántica, que a diferencia de la mecánica estadística y la cuántica parte en su formalismo de ecuaciones no-lineales reducibles a las lineales, abarca un conjunto de estados mucho más amplio que el que la mecánica cuántica contempla. De forma nada paradójica, los ingenieros han adoptado implícitamente que la entropía es una propiedad física exactamente igual que la energía, y por tanto los estados del sistema son mucho más amplios que los de la mecánica con entropía cero. La nueva teoría mantiene todos los logros de cálculo de las ya consolidadas a la vez que elimina sus ambigüedades e inconsistencias permitiendo una comprensión mucho más amplia de la irreversibilidad y siendo apta para tratar con la termodinámica alejada del equilibrio; todo ello sin tener que sacrificar nociones tan arraigadas como la causalidad o las trayectorias.

El "principio de máxima producción de entropía" ha sido reclamado por muchos autores como criterio unificador de validez general. Beretta prefiere puntualizar que, al menos a nivel cuántico, la segunda ley puede expresarse con el criterio coincidente pero menos restrictivo de "atracción en la dirección del ascenso de entropía más pronunciado"[33].

Podría elaborarse mucho sobre el significado de esta aparentemente leve y sin embargo muy profunda rectificación de la termodinámica, aunque aquí no lo vayamos a hacer. Si es cierto que las transformaciones más hondas llegan de la forma más imperceptible, apenas podríamos encontrar en toda la historia de la ciencia ejemplos como éste; hay que esperar para empezar a calibrar su alcance. Entretanto lo que se impone son los estándares establecidos para la resolución de problemas y la comunicación científica, casi imposibles de modificar mientras no haya motivos de fuerza mayor para hacerlo. Se forman así grandes nuevos potenciales en espera de oportunidades para su actualización.

Envejecimiento e individuación

Desde Schrödinger se ha ido abriendo una vía para el tratamiento de los seres vivos como sistemas abiertos con los principios de la termodinámica del no equilibrio. En un organismo como el cuerpo humano hay comportamientos que se acercan mucho a un perfil conservativo, como la dinámica de fluidos del sistema circulatorio, y otros que se alejan gradualmente de ese perfil, empezando por la misma respiración directamente conectada con la circulación a la que también le proporciona una expansión mediante un cambio de estado.

En otros artículos ya hemos tocado brevemente los equívocos que surgen y aún han de surgir entre sistemas abiertos y cerrados a la hora de ubicar sus directrices y principios. Hoy por hoy ni siquiera existe un criterio macroscópico para caracterizar el envejecimiento, y por no haber, no hay ni una definición mínimamente operativa de la salud o la vitalidad[34],[35]. Aplicar a organismos nociones como la entropía, ya sea termodinámica o informativa, sin tener una referencia para los conceptos antedichos y sus conexiones con las restricciones crecientes o no de un sistema biológico y los aspectos reversibles e irreversibles, no puede dejar de ser un tanteo a ciegas en un cuarto oscuro de dimensiones inmensas.

En la confluencia entre la matemática, la ecología de poblaciones, la teoría de la evolución y la termodinámica, Lotka propuso en su día un *principio de máxima potencia* que maximiza el consumo y el flujo de energía; sin duda este principio parece, a primera vista, en perfecta sintonía con el impulso más ciego de nuestra economía o ese otro principio fatalmente intemporal que dice que siempre se ejerce todo el poder que se tiene. ¿Pero con qué contrastar estos principios de máximos? Ya habíamos visto en Pinheiro una forma de combinar mínimos de energía y máximos de entropía en una reformulación irreversible de la mecánica que puede hacerse compatible con sistemas abiertos. Los sistemas vivos no parecen buscar mínimos de energía ni de materia siempre que haya suficiente disponibilidad.

Compárese con la definición de principios del siglo XX, debida al "vitalista" Ehret: *la vitalidad es potencia menos la obstrucción* (V = P—O), en realidad la única mecánica y funcional que se ha dado hasta ahora, y también la más veraz y simple posible. La potencia aquí puede equipararse con la presión y la obstrucción con la resistencia de la materia — partiendo aquí de la primera teoría de campos, la hidrodinámica, aplicada en este caso a los valores de la circulación sanguínea.

Tendría que resultar de interés ver qué nos dice la formulación de Pinheiro, válida para la electrodinámica, siendo ésta una mera extensión de las nociones de flujo y circulación hidrodinámicos, cuando la situamos entre el principio de salud-vitalidad de Ehret y el principio de potencia de Lotka. El tema tiene múltiples ramificaciones y lecturas, tanto para comportamientos globales como la economía, como para definir mejor el proceso de individuación del que los individuos resultan. Citaré un artículo mío anterior:

"Simplificando al máximo, el envejecimiento es un falta creciente de eliminación de lo obstructivo, que se acumula en forma de estructuras materiales más o menos características. Dicho de otra forma, es el crecimiento acumulativo de la obstrucción. Aunque, ni que decir tiene, un organismo puede eliminar demasiado sin eliminar todo lo que obstruye. La naturaleza en plenitud sabe muy bien qué eliminar y cómo; es a la naturaleza impedida a la que hay que ayudar, por medios que pueden ser menores, o mayores en casos como la cirugía.

Esto es lo realmente importante, y lo demás son corolarios. Lo obstructivo es siempre lo superfluo, luego no puede ser característico sino en el sentido más externo o limitativo. Es lo menos individual si entendemos al individuo como singularidad infinita, y es lo más individual que cabe si entendemos al individuo como mera corporalidad, como lo limitado por excelencia…

La cuestión a dilucidar es siempre muy concreta: cuánto hay de reversible y de irreversible en una evolución que tiende a la creciente restricción y a un desenlace abrupto mucho antes que a la uniformidad total de la muerte térmica. Todo esto, que es abordable de manera experimental y poco especulativa, tiene el más profundo interés teórico y práctico"[36].

Por supuesto, la individuación supone mucho más que el envejecimiento del cuerpo; pero éste es un buen exponente de ese proceso más general e ilustra de forma elocuente la mutua relación entre un agente y su entorno, y del cuerpo mismo como entorno acumulado en el tiempo. Este contexto permite tal vez hacer un uso no desnaturalizado de la entropía junto a otras medidas que no deberían perder su carácter específico.

La idea de la dinámica y el peso de la mecánica

Quién no ha oído hablar en alguna fiesta de la imposibilidad aerodinámica del vuelo del abejorro. Se cuenta que Igor Sikorsky, el famoso pionero de la aviación y los helicópteros, puso este rótulo a la entrada de su oficina: ""el abejorro, según los cálculos de nuestros ingenieros, no puede volar en absoluto, pero el abejorro no lo sabe y vuela."

El chisme no le hace mucha gracia a los especialistas en aerodinámica pues no favorece precisamente su reputación, por lo que no han dejado de emplearse a fondo para disipar de una vez el mito o la leyenda urbana de ese pesado abejorro. Incluso wikipedia dedica un apartado para acabar de una vez con el malentendido: ¡el abejorro vuela, luego ningún especialista ha podido decir que no lo hace!

Este mito tan ignaro no está mal como problema, y si no que se lo pregunten a los especialistas. Si la cuestión no ha dejado de incordiar desde los años treinta del siglo pasado —o probablemente desde la teoría aerodinámica de 1918-1919—, no era hasta el 2000 y años sucesivos que los físicos, tras penosos e innumerables cálculos y desproporcionadas simulaciones por ordenador se atrevieron a adelantar una demostración.

Tan sólo había un pequeño problema. Las diversas demostraciones, surgidas de las más famosas instituciones y universidades, no coincidían del todo. Según un estudio experimental de la Universidad de Oxford en 2009 que usaba túneles de viento y cámaras de alta velocidad, el secreto del vuelo del abejorro está en la fuerza bruta, antes que en una eficiencia aerodinámica que resulta pésima[37]; un argumento con el que podría estar bien de acuerdo un niño de nueve años. Otro estudio, más cuantitativo, del Departamento de Biología Orgánica y Evolutiva de Harvard, del año 2013 asegura en cambio que el *Bombus impatiens* es un prodigio en el aprovechamiento de los flujos de aire inestables, rodando con la corriente mejor que el más hábil surfista y optimizando hasta el último girón de cualquier vórtice y turbulencia[38]. Aún hay más teorías, pero con estas dos explicaciones diametralmente opuestas creo que nos podemos hacer una idea del estado de la cuestión.

O sea, que lo único cierto, para decirlo con un generoso eufemismo, es que la aerodinámica no es una ciencia exacta. Claro que eso ya lo sabíamos hace cien años. ¿Pero hasta tal punto es arbitraria y chapucera? Podemos estar seguros de que los aeroplanos vuelan por una larga cadena acumulada de ensayo y error, porque si de las razones y cálculos dependiera nadie sería tan loco de montarse en un avión. Y lo mismo, y con más razón, puede decirse de salir al espacio exterior o viajar a la Luna. Los cálculos han llegado siempre después, no sólo en la tecnología de nuestras máquinas sino también en la tecnología de la propia teoría, que es el cálculo justamente. "Nada es más práctico que una buena teoría", decía Dirac, pero porque la teoría es la que decide en qué sección de los datos se hace el corte apto para la predicción —asunto notoriamente práctico, sin duda.

No es tanto que la teoría sea la primera ingeniería inversa como que tiende a ser la última. Y la historia de la ciencia viene a dar buena fe de ello, pues lo que importa no es quién llegue primero, sino el último —dónde se cree momentáneamente que ha quedado resuelta una cuestión. Podríamos dar el caso de Weber con respecto a Maxwell, Lorenz y Einstein, pero no es ni mucho menos el único. La historia que nuestra atención sintetiza tiene que ser altamente selectiva por definición.

Ahora bien, lo que seguramente ignoran los físicos y especialistas en aerodinámica de estas evaluaciones recientes es que Juan Rius Camps había realizado estudios sobre el vuelo del abejorro en la Facultad de Biología de la Universidad de Navarra desde 1976 hasta 2008 en los que el insecto vuela normalmente durante uno o dos minutos… en una cámara de descompresión a 13 milibares, es decir, con sólo 1,3% de la densidad atmosférica habitual[39]. Si se mantuvo ese resto fue porque sin un mínimo de vapor de agua el abejorro "hierve" rápidamente por descompresión. Así pues, si aquellos voluntariosos equipos hubieran estado al tanto de estos experimentos efectivamente publicados, aunque ciertamente no en publicaciones de las especialidades afectadas, hubieran tenido que arreglárselas para sacar de sus cálculos un efecto de sustentación casi 80 veces mayor.

Lo escandaloso del caso es que Rius Camps apela directamente a una "nueva dinámica" que sustituya en casos como éste los principios de la vieja, la mecánica inercial desarrollada desde los principios de Newton —en lugar de buscar la enésima vuelta de tuerca a los cálculos de sustentación que deben hacer posible el vuelo. Y claro, esto, desde el punto de vista de todas las especialidades, ya sea la física teórica, ya sea la aerodinámica aplicada, por no hablar del entomólogo y el naturalista, no es "serio". Sabido es que el propio Newton hizo los primeros cálculos de resistencia y sustentación y concluyó que el vuelo no era posible, pero él no estuvo en condiciones de estimar bien los "detalles".

Bien que ahora es mucho más difícil admitir que, contando con medios tan sofisticados, estemos todavía a dos órdenes de magnitud de las respuestas correctas. En el límite bien cabe preguntar ¿Podría un abejorro mecánico que no necesitara presión residual volar en el vacío? A eso es a lo que después de todo apunta el experimento de Rius Camps. No es ningún secreto que laboratorios en diversas partes del mundo llevan largo tiempo trabajando en insectos electromecánicos que repliquen los modelos que nos ofrece la naturaleza.

Rius Camps habla también de una Nueva Dinámica irreversible que desecha la presenta idea de la inercia: no pueden existir sistemas inerciales aislados. En esto al menos es fácil coincidir con él, a pesar de que sea el inverosímil fundamento de nuestra mecánica. Identifica fuerzas que no sólo dependen de la aceleración, como las newtonianas, sino también de la velocidad, como las que Gauss y luego Weber propusieron para la electrodinámica. Ya en Weber parecía problemática la conservación, que sólo tardíamente fue verificada para sistemas cíclicos. Camps contempla casos no conservativos y naturalmente la mecánica clásica seguiría siendo aplicable en el límite en que los sistemas se comportan como si estuvieran aislados o las otras fuerzas resultan despreciables. También trata de reformular el concepto de entropía basándose en la energía cinética y potencial y sin usar directamente el calor o la temperatura o un criterio estadístico del tipo de Boltzmann.

En el caso del abejorro bien poco se nos aclara sobre porqué realmente vuela incluso con densidades mínimas. Se habla de nuevos componentes de fuerza, de masas variables, de la resistencia aportada por un sustrato y de acoplamientos, pero no se unen las piezas. No por ello dejan de plantearse asuntos básicos de extraordinario interés.

Estas ideas están basadas en la dinámica de un punto orientado de Frenet de 1847, que añaden tres dimensiones de rotación para el punto material para un total de seis, y que pueden recordar al lagrangiano efectivo con tres dimensiones adicionales que se usa en sistemas no conservativos; de esta dinámica del punto orientado, que puede revolverse sobre sí mismo, también puede derivarse el espín o giro de diversas partículas, así como generar vórtices.

Camps se detiene también en propulsores lineales sin reacción similares a algunos que exhibe la literatura sobre metamateriales en condiciones de resonancia, que también incumplen las leyes de la mecánica ordinaria aunque puedan explicarse como caso particular de la ley de Weber[40]. Lo interesante en estas secuencias de propulsores es la condición de acoplamiento y el hecho de que deshacerlo implica una disipación de parte de la energía disponible. Tenemos aquí una forma simple de concebir la gran cuestión, a saber, cómo surgen islas de reversibilidad sobre un fondo general irreversible. Cuestión que no puede dejar de afectar a nuestra idea de los seres vivos por más que estos sean sistemas abiertos no conservativos.

Se consideran en esta nueva dinámica casos tan elementales como el del equilibrio de la bicicleta, la eficacia del martillo o máquinas que parecen burlar el principio de conservación de momento angular; para este último caso nuestro autor habla incluso de creación y destrucción de momento angular. Lo cual también excede el nivel de lo mínimamente aceptable en la física moderna —puesto que destruye las simetrías que fundamentan la consistencia de todos sus cálculos. La física moderna puede hablar sin problemas de partículas que viajan hacia atrás en el tiempo, de operadores de creación y aniquilación, de partículas virtuales y de sustracciones de cantidades infinitas cada vez que haga falta, pero lo que no puede es saltarse las simetrías que generalizan los principios de conservación.

Por supuesto esta imposibilidad de entenderse procede del modo de entender la inercia: como un principio de cierre formal, en la física moderna, o como referido a un sustrato material, en el caso de este esbozo de nueva dinámica ahora comentado. Sin embargo, ambos pueden englobarse dentro del superprincipio de equivalencia implícitamente asumido por Torassa en su idea de equilibrio dinámico.

Como es sabido hay juguetes y objetos como la llamada "piedra celta" capaces de invertir por sí solos su dirección de giro, lo que ha dado lugar a intentos desesperados de los físicos tratando de justificar este comportamiento. Si en casos como el del abejorro se apela a la turbulencia y la viscosidad, aquí no cabe más remedio que hacerlo con la fricción. Pero lo que llama la atención de estas "demostraciones" de que no se violan los principios fundamentales, aparte de lo pronto que cambian de criterios, es la increíble complejidad cualitativa de los cálculos necesarios para racionalizar algo que pronto aburre a un niño.

Algo parecido ocurre con el ya comentado equilbrio dinámico en una bicicleta, por más que aquí no haya violación aparente de ninguna ley: los cálculos convencionales son de una complejidad ridícula para un acto tan simple. La descripción que Camps da del equilibrio usando una masa variable se ajusta a la sencillez de la acción, otra cosa es la utilidad de cálculos que permita[41].

La ciencia moderna dice honrar la mal llamada "navaja de Ockham", en realidad el mucho más antiguo principio de economía, parsimonia o simplicidad; sin embargo aquí como en otras muchas cosas hace todo lo posible por ignorarlo en beneficio de complejidades sin cuento y todo tipo de argumentos ad hoc. ¿Por qué hay que introducir tantas racionalizaciones, justificaciones y epiciclos?

El mero hecho de que otro tipo de dinámica simplifique radicalmente la cualidad de un problema, incluso con independencia de que se simplifiquen o no los cálculos, ya es un serio argumento a su favor.

Y en cuanto al cálculo, heurística basada en la reciprocidad de integración y diferenciación, podemos oponerle la igualmente heurística reciprocidad de acción y percepción. Ya hemos comentado en otras ocasiones que el presente fundamento del cálculo sigue sosteniendo ideas tan inaceptables como la velocidad instantánea y que debería basarse en argumentos de diferencias finitas[42]; lo que a su vez se relaciona con cómo se plantean los problemas de escala y de diferenciabilidad. Lo mismo ha de tener validez en la nueva heurística de los ciclos de acción/percepción cuando se desarrolle; y en verdad, ese enorme vacío aún por atender en el cálculo moderno, que, no lo olvidemos, es "la tecnología interna de la ciencia", tendrá que ser conscientemente abordado en esta nueva heurística desde el comienzo.

Algunos de los efectos físicos que aduce Camp en favor de su dinámica, además de la famosa y controvertida inducción unipolar de Faraday, caben perfectamente en el capítulo de las llamadas "anholonomías" con fase geométrica, que yo prefiero llamar holonomías porque el criterio de totalidad no debería ser una integrabilidad arbitraria; lo que nos lleva de nuevo al tema de la transición de escalas. Ya hemos visto una serie de lugares donde la fase geométrica puede tener un rol importante, precisamente, en una integración funcional de factores que no es ciertamente la del cálculo; ésta emerge naturalmente incluso en la reformulación entrópico-energética de la mecánica en Pinheiro.

El caso más típico de fase geométrica es justamente el acoplamiento órbita-rotación. Podemos preguntarnos si, en casos como el del abejorro, hay, junto a la presupuesta relación constructiva de abajo arriba partículas-átomos-moléculas-células-órganos-organismo-movimiento, una descendente que modula la integración de ese conjunto. Esto va en contra de la visión adoptada por la mecánica pero no en contra de la forma en cómo se han encontrado las leyes fundamentales y el electromagnetismo en particular, que es desde afuera hacia adentro.

Por lo demás coincidimos con la apreciación de todos los pueblos antiguos de que nada hay más expresivo de cada ser vivo que el sonido que emite; en el caso del abejorro es bien fácil ver su zumbido y la vibración de todo su cuerpo como una modulación del conjunto, de arriba abajo no menos que de abajo arriba. Bien que con una gran diferencia en frecuencias y escalas, las vibraciones sonoras no están radicalmente separadas de las ondas electromagnéticas como a menudo se dice: las primeras son ondas en la materia, y las segundas son un promedio en el espacio y la materia, pero aún admiten una interfaz electromecánica como podemos ver en diversos dispositivos.

Entonces, tal vez, más que de un control desde arriba hacia abajo, tendríamos que hablar de una *autoinducción* surgida espontáneamente desde abajo pero guiada desde arriba por el gradiente que el abejorro va encontrando en su campo de acción-percepción. Después de todo el abejorro es un gran especialista en la *succión* de polen y bien puede decirse que va guiado por ella. Tenemos dos frecuencias destacadas, la del aleteo y la del zumbido. Podemos dar por seguro que el abejorro es un artista en no separar las cosas tanto como nosotros lo somos en hacerlo, pero aun así está claro que encontrar un factor de sustentación en el vuelo 80 veces mayor pasa por algo más que refinar los modelos.

Sin embargo, la "autoinducción" de la que hablamos tendría que ayudarnos a ver cómo se acoplan en un sistema no conservativo las tres dimensiones externas e internas, el espacio y contraespacio de este lagrangiano efectivo. En vez de pensar en los vórtices entorno a los que el insecto vuela, habría que ver más bien el vórtice generado por su propio centro de masa con superficie y volumen variables, capaz de generar acoplamientos y efectos altamente no lineales. Digamos que esto es una forma de mediar entre la física fundamental y la aplicada, entre nuestras presunciones sobre qué es causalidad intrínseca y qué efectos derivados; aunque las meras cifras ya dicen más que cualquier interpretación.

Al hablar del biofeedback conjeturábamos el lugar que la fase geométrica desempeñaba en conectar los ciclos de percepción y acción. La forma a todos los efectos definitiva de "integrar" una bicicleta no es en la cadena de montaje sino montándola al pedalear. Nos preguntábamos si algo parecido era posible en el caso de un electrón y con mucha más razón habría que hacerlo con un ser vivo como un abejorro. Naturalmente, no nos montamos sobre el abejorro o sobre el electrón, sino que tratamos de ponernos "en su lugar" —que es su equilibrio dinámico sin marcos de referencia preestablecidos. Semejante equilibrio es de suyo un campo específico de transformaciones.

El principio de Vico o el de los ingenieros de que sólo conocemos lo que hacemos se ve desmentido a cada momento por los ingenieros mismos: ellos son los primeros en confesar que no saben cómo ni porqué funciona el cálculo, lo mismo que no saben cómo ni porqué funciona la electricidad a pesar de todos los dispositivos que diseñan y fabrican. Siguiendo de arriba abajo, tampoco los teóricos han podido ahondar más porque para cuando llegan a las partículas han tenido que renunciar a la causalidad. Definitivamente, hacer algo con algo no equivale a penetrar más en su naturaleza. Pero el criterio de participación es insuperable: montar la bicicleta nos da un conocimiento superior al de cualquier análisis, sin obligarnos a renunciar a lo que el análisis pueda decir sobre el estado de las partes.

Podemos ver entonces al usuario como gran ensamblador e integrador de estructuras. Sin embargo, la mayor parte de la tecnología que usamos tiene un grado de organicidad muy limitado, debido precisamente a la forma arbitraria de separar los niveles; la arbitrariedad de esas separaciones agrega capas de opacidad que impiden la transparencia del conocimiento por el uso pero que como muy bien sabemos no excluyen la exploración de sus límites.

¿Qué limites presenta a la exploración directa de sus funciones un sistema natural, o mejor, una dinámica natural, como la de la respuesta de nuestro sistema vascular al esfuerzo, el vuelo de un abejorro o los estados de un electrón? Esto era lo que antes se quería plantear a través de las escalas, a caballo entre la analogía, la caracterización exacta y la parte no integrable de una evolución.

Visto lo visto, identificar *la dinámica* del vuelo del abejorro, su "mecanismo", nos permitiría por primera vez hacer réplicas complejas guiadas por una idea orgánica que deje definitivamente atrás nuestra presente idea de las máquinas. Así, el "malentendido" del vuelo del pequeño abejorro nos plantea un desafío al lado del cual el vuelo de los hermanos Wright o la llegada del hombre a la Luna son puras bagatelas. Sí, es cierto que tendemos a considerar lo último como lo más importante y que lo más lejano se da simplemente por hecho; pero en este caso hablamos de algo bien diferente de ir un poco más lejos o un poco más rápido. Hablamos de algo que cambiaría para siempre nuestra idea de la vida y de las máquinas, de qué está abajo o arriba, dentro o fuera.

Y por añadidura, sin pretenderlo siquiera, empezaríamos a cambiar nuestra idea de qué es la inteligencia y la inteligencia artificial. Lo cierto es que ni siquiera hemos sido capaces de crear todavía un sistema inteligente que tenga el nivel de autonomía y capacidad de respuesta que tiene un mosquito o una diminuta mosca de la fruta —lo mismo que hemos sido incapaces de replicar su movimiento. Ahora bien, ambas cosas están más relacionadas de lo que se piensa, de hecho no hay que pensar mucho para ver que están *íntima e indisolublemente* relacionadas. El problema físico del campo de parámetros y variables en que se mueve el insecto está inevitablemente conectado, por no decir que coincide, con las coordenadas en que se mueve su inteligencia y su sentido del equilibrio en el campo de acción-percepción.

Rectificación de la idea de la dinámica

La distinción que los diccionarios proponen entre mecánica y dinámica, respectivamente, como el estudio del movimiento y como el estudio de las fuerzas sobre el movimiento, hoy son en la práctica completamente irrelevantes. Y sin embargo las palabras mismas, sin necesidad de excavar en las etimologías, revelan una abismal oposición en el espíritu, una confrontación total. Cuando esa confrontación llegó a vivirse en Europa como un gran duelo ideológico entre el vitalismo y el mecanicismo, hacía mucho tiempo que el segundo tenía ganada la partida.

Estaba ganada desde el momento en que, precisamente con Newton, se empezó a hablar indistintamente de "principios de la mecánica" y "principios de la dinámica". Es aquí que cristaliza el liberal-materialismo o materialismo liberal, la dudosa mezcla de idealismo y materialismo que ha venido a convertir a Europa en Occidente y que define la gama de tonalidades de nuestro crepúsculo.

Al más elemental instinto de limpieza tendría que repugnarle semejante mezcla y confusión. Si quiero rectificar aquí el sentido de estas palabras no es por alguna nimia afectación de precisión sino más bien lo contrario: hay aquí aún espacio para las más impensadas bifurcaciones, de una amplitud tal que incluso todos los conocimientos actuales se tornan adventicios frente a su calado.

Atendiendo a su espíritu, la cosa es bien sencilla: mecánica es toda descripción o formulación que depende del principio de inercia; dinámica, la que no depende de él. Esto es todo, y es más que suficiente. Lo demás son sólo consecuencias.

Visto así, la historia de la Dinámica todavía no habría empezado.

Que autores como Assis, Torassa o Pinheiro hablen aún en términos de mecánica antes que de dinámica después de haber cruzado este particular Rubicón no sólo demuestra nuestra adherencia al uso convencional de las palabras. Tomar conciencia de ello es ya comenzar a liberar lo que en ellas se encontraba dormido.

Pues este uso de las palabras es cósmicamente expresivo de las circunstancias. La mecánica es inevitablemente idealista porque el uso que hace del principio de inercia pide que lo aislado no esté aislado, obligando a que todo tenga que reformularse en su clave. El "todo es movido por otro" significa que no hay cabida para un móvil interno, que lo ideal se pone al servicio de lo exterior y lo exterior ha de ser devorado por lo ideal. Esta es la "dinámica" encerrada en la mecánica.

A lo largo de la aún breve historia de la física moderna cabe hablar de una dialéctica entre el peso muerto de lo mecánico y la idea viva de la dinámica, sin que haya necesidad de interpretar "vivo" y "muerto" como "bueno" y "malo": todo lo más podrán representar una sensación subjetiva de mutua resistencia. Los dos principales creadores del cálculo, Newton y Leibniz, se disputaron el legado mecanicista cartesiano con estrategias opuestas: el inglés a favor de las propiedades intrínsecas, el alemán de las puras relaciones. Esta oposición llegó hasta la moderna teoría de la relatividad, que procuró reconciliarlas. Sin embargo el dinamismo leibniziano nacía ya demasiado lastrado desde el momento en que no se emancipaba del principio de inercia. La fuerza misma no era todavía para Newton ni algo puramente mecánico, ni enteramente formalizado, tal como llegó a serlo para la posteridad.

Lo "intrínseco" en Newton es el espacio absoluto como sustrato, pero eso intrínseco sólo puede residir en el principio de inercia con lo inevitablemente externo de su expresión. De modo que, tanto por un lado como por el otro, lo mejor habría sido desprenderse del principio de no haber sido juzgado como el fundamento mínimo indispensable. Pero este juicio era erróneo.

La relatividad general es incapaz de dar con una expresión matemática de la relatividad de la inercia, porque de suyo es un concepto que nunca puede definirse en los propios términos de un sistema que lo acepta. ¿Porqué entonces no fue desechado como se hizo con la idea del éter? El caso es el mismo. La respuesta es tan simple como que sin inercia la palabra "mecánica" deja de tener sentido.

Si con frecuencia se ha dicho que la inercia es un concepto redundante, la mejor forma de demostrarlo es prescindiendo de él.

Inercia y sustrato son dos palabras para lo mismo. También el sustrato parece imposible de caracterizar en términos inerciales, por más que se apele de muchas maneras a sus propiedades como continuo en la relatividad general, como vacío de las imprescindibles partículas virtuales, o como campo para generar la masa de las partículas. ¿Será igual de imposible de caracterizar en términos relacionales como los de Assis, Weber o Mach?

A esto puede responderse que básicamente no importa. Del mismo modo que la mecánica que partió de la inercia y fue incapaz de definirla no dejó por ello de avanzar, la dinámica incorpora ya en su seno la idea del sustrato con su noción de equilibrio sin que tenga por ello necesidad de hacerlo explícito. De esta forma puede avanzar sin complejos ni impedimentos.

La diferencia es que la inercia mecánica es un principio formal, y el equilibrio dinámico que incluye el sustrato cualquiera que sea es un principio material. ¿Alguna duda sobre esto? Hay un criterio muy simple: la inercialidad excluye la fricción y la disipación, que quedan arrojadas a las tinieblas exteriores. El equilibrio dinámico no excluye absolutamente nada, y la termodinámica mucho menos.

Entonces, aquí está el nudo para disolver esa complicidad entre materialismo e idealismo que constituye a la ciencia moderna y le ha dado su razón de ser. ¿Porqué a la física de partículas se la llamó "mecánica cuántica" si es la cosa menos mecánica que existe? Pues porque incluso si la idea de fuerza deja de ser ahí un factor primario, aún se ha forzado todo a encajar en el molde clásico de la mecánica y de partículas en el vacío, aun sabiéndose que eso es sólo la mitad de la verdad. Es más, a la teoría ondulatoria se la llamó "mecánica ondulatoria" también, como para que no quedaran dudas sobre lo honorable de sus intenciones.

Y a pesar de todo, vemos que en estados cuánticos coherentes la inercia aumenta al cuadrado del número de componentes —electrones, por ejemplo—, y que el tiempo mismo resulta bidireccional. En distintos experimentos se cuestiona hoy si el principio de equivalencia es válido a nivel cuántico. Pero, de nuevo, ocurra lo que ocurra a este respecto, siempre habrá una forma u otra de usar cualquiera de *los* principios de equivalencia y su manipulación de los marcos de referencia para asegurar que no hay nada que no esté bajo control.

Y así se ve claramente en qué consiste el estéril juego del mecanicismo y su inseparable compañero el logicismo a la hora de buscar descripciones de imposible consistencia pero cuya inconsistencia siempre está por demostrar. Aun si un insecto mecánico volara en una atmósfera cero con un efecto de sustentación un trillón de veces superior al habitual, siempre se encontrará la forma de aseverar que nada de eso viola las leyes ordinarias de la mecánica. Sólo que estos certificados de buena conducta llegan siempre tras los hechos, por lo que no hay que tomarse en serio ninguna advertencia sobre lo que se nos dice que es imposible.

De lo que va entonces el mecanicismo es de administrar desde arriba La Ley, explotando la doble circunstancia del reduccionismo y el misterio. Por un lado, "las cosas no son nada más que…" Por otro, como no sólo no se explican mecánicamente las cosas sino que además se asegura que es imposible, se puede capitalizar hasta el infinito el misterio y la perplejidad que todo esto produce. Este administrar la Ley y el Misterio desde arriba se refleja en la compartimentación de todas las especialidades de nuestra torre de Babel y no sólo en ellas sino en el carácter altamente heterogéneo que incluso tienen las medidas de las ecuaciones más fundamentales.

Cuanto más maravillosa se dice que es la simetría de las ecuaciones fundamentales, más cantidades heterogéneas esconden. Las ecuaciones de Maxwell, una vez depuradas, ofrecen una simetría que no se advierte en la más antigua ley de fuerza de Weber; sin embargo ésta, integrada sobre un volumen, también permite describir la teoría del campo electromagnético incluyendo fenómenos como la radiación. ¿Merece la pena sacrificar la homogeneidad de las cantidades en nombre de la simplicidad algebraica? Es una buena y profunda pregunta, puesto que hasta el día de hoy las dualidades que emergen de las ecuaciones de Maxwell son consustanciales a los intentos más ambiciosos de unificación.

Desgraciadamente lo más tautológicamente mecánico de la brillante teoría de Maxwell ni siquiera se aprovecha, en beneficio de un esqueleto de representación vectorial. El aspecto más mecánico en Maxwell es también el más envolvente y orgánico, puesto que viene de la mecánica de fluidos, arquetipo de las teorías de campos. Sigue siendo entonces del mayor interés tomar la formulación más elegante y comprensiva que existe de las ecuaciones de Maxwell, con formas diferenciales exteriores, y hacerla retroceder en dirección a su equivalente de campo de la ley de Weber —en clave de equilibrio dinámico en vez de la clave inercial de la mecánica. Vale la pena recordar que son los ingenieros, y no los físicos teóricos, los que usan la representación integral de las fórmulas de Maxwell.

La mecánica moderna desnaturaliza por completo tanto la causalidad eficiente como la formal, por no hablar de la material y la final. A ellas habría que añadir, como hacía Whitehead, una causalidad singular que sólo el principio de equilibrio dinámico puede generalizar y particularizar a la máxima potencia sin necesidad de desnaturalizar nada.

La idea misma de singularidad en la física moderna es altamente expresiva de las patologías y disfunciones de toda una mentalidad especulativa que ni mucho menos se limita al ejercicio de la física. Este "síndrome del agujero negro" no es sólo la forma que encuentra lo reversible de tragarse la irreversibilidad, también es el modo en que una ideología refractaria a que se le impongan fines se erige fin en sí misma y busca activamente sus propios simulacros del apocalipsis: ya se trate de singularidades gravitatorias o de singularidades tecnológicas, todas carecen de la menor verosimilitud, pero cumplen el imprescindible rol *dinamizador* del que sus propios supuestos carecen.

¿Cómo desmarcarse del infantilismo consustancial a todas estas visiones? Naturalmente lo mejor sería ignorarlas sin más. Sin embargo, como en toda literatura de evasión lo importante es apartarnos de lo importante, empezando por la singularidad de lo real. Dejando a un lado que las patologías de los infinitos empiezan ya por una viciada aplicación del cálculo a la física que no respeta el hecho de que sólo existen diferencias finitas, en Maxwell tenemos una teoría que no permite partículas puntuales, en la relatividad especial una que no permite partículas extensas y luego en la relatividad general otra en la que, retornando a un inaprensible continuo, las partículas puntuales son de nuevo imposibles.

Hoy se usa la óptica de transformación y las anisotropías de los metamateriales para "ilustrar" los agujeros negros o para "ejemplificar" y "diseñar" —se dice— espacio-tiempos diferentes. Y sin embargo es evidente que sólo se están manipulando las propiedades macroscópicas de las viejas ecuaciones de Maxwell. Pero, dejando a un lado lo arbitrario de estas ilustraciones, ¿cómo se pasa de unas a otras si hay la más manifiesta incompatibilidad entre las tres teorías? Al menos con la ley de Weber se puede trabajar desde el principio tanto con partículas puntuales como con partículas extensas, ya sea en electrodinámica o gravitodinámica. La singularidad de masa relativista es una densidad infinita en un punto que a la vez no puede ser un punto, muy en la línea de las imposibilidades por definición que ya el principio de inercia inauguraba.

La fuerza de Weber, la primera gran aplicación a la dinámica de los principios de la estática de Arquímedes, nos da la pauta de la física relacional, la única física que los griegos hubieran podido aceptar. Sabido es sin embargo que esta teoría, que incluso dedujo un átomo elíptico muchas decenios antes de Bohr, tiene a veces extrañas soluciones con masas negativas o la inversión de una fuerza atractiva en una repulsiva en función de umbrales o distancias críticas. Físicos como Helmholtz adujeron estas soluciones como muestra de que no era una teoría viable, pero en lugar de ver aquí patologías, más bien debería haberse visto una forma de salir de ellas. De hecho, muchas de las inversiones de signo que aparecen precisamente en el comportamiento de los metamateriales pueden explicarse en este marco de forma mucho más directa. Pero eso no es todo.

Una cosa es hablar de la suma cero de fuerzas en un punto conforme a la forma más simplificada del equilibrio dinámico y otra hablar de densidades de masa o energía, que entrañan necesariamente un volumen. En tal caso cabe hablar de productos o cocientes con respecto a un hipotético medio homogéneo cuyo valor invariable sería la unidad. Para la física relacional como la de Assis o Weber es una cuestión de principios que no existen constantes absolutas con dimensiones y que éstas tendrán que variar necesariamente con el entorno; claro que en el caso de la materia grave sometida al arbitrio de los múltiples principios de equivalencia, no es fácil saber cuándo estamos hablando de un cambio de masa o de un cambio en la constante de la gravedad. Hay pues *mucho espacio al fondo para el ajuste*, y es un "ajuste fino" completamente diferente del improcedente principio antrópico que la cosmología especulativa ha propuesto. Pero ante todo el principio de equilibrio dinámico de lo que quiere librarnos de una vez es de la escolástica de los sistemas de referencia y su siempre oportunista casuística. La física relacional marca un cruce de líneas rectas que sólo los meandros de los arbitrajes de la lógica mecánica nos impiden percibir.

Por más simple que parezca, esta diferencia entre sumas y productos en la expresión de fuerzas, masas, energías e incluso entropías marcan un camino de retorno desde la sofisticación innecesaria y abusiva en que ha incurrido la física en busca de predicciones y resultados a la pureza de conceptos y medidas que es lo único que nos demanda la verdad.

Desde una perspectiva depuradamente fenomenológica, Raymond Abellio insistía en que «la percepción de relaciones pertenece al modo de visión de la conciencia "empírica", mientras que la percepción de proporciones forma parte del modo de visión de la conciencia "trascendental"»[43]. Esto puede aplicarse al conjunto del método relacional: trabajar con relaciones puras es sólo el punto de partida para acceder a las proporciones que liberan a la complejidad de lo real de sus nudos. Por el contrario, el método que ha elegido la física moderna desde Maxwell es simplificar el álgebra a expensas de la pureza de las relaciones, que quedan cada vez más enredadas en nudos inextricables.

Aquí entiendo lo trascendental como lo inmanente antiespeculativo, pero se trata de una inmanencia que difícilmente podría apreciarse sin haberse elevado en la indefinida escala de las relaciones antes de volver a descender de ellas. Lo relacional por sí solo no alcanza ni siquiera a plantear la realidad, lo veíamos en la lectura de Pinheiro del experimento del cubo de agua. Es un puro fenomenalismo de la cantidad. Las puras relaciones excluyen la causalidad, pero nuestro sentido subjetivo de la causalidad es como nuestro sentido de la realidad, que sólo "se condensa" al sumar las capas de los distintos sentidos sobre un incógnito sustrato.

El principio de equilibrio dinámico, como suma y como producto, no necesita explicitar el sustrato para llevarlo siempre consigo: es como si hubiéramos cogido en nuestra mano un puñado de tierra con una semilla dentro, que esperamos que pueda germinar. No hay mejor imagen para este género de agricultura celeste, tan opuesto a una física actual que a pesar de todo ha trasmitido ciertas condiciones.

Esta renacida Dinámica de la que hablamos sólo puede ver la luz ignorando concienzudamente el gran horizonte unificador que moviliza a la física especulativa moderna con sus complejidades sin cuento. Si aquí no me he privado de comentar teorías especulativas, como la de relatividad de escala u otras, no es tanto por sus ambiciones de abarcar la física conocida como por la pertinencia de alguno de sus principios. La física sabe demasiado y en esas condiciones es casi imposible plantear lo nuevo, sencillamente hay demasiadas cosas que integrar. Esto puede verse como un reto aún mayor para la ya recalentada capacidad especulativa, pero en el fondo es totalmente paralizante para otras potencialidades mucho más frescas y valiosas. Como regla general hay que esforzarse por no entrar en los problemas que uno mismo no ha planteado.

La dinámica como inspiración es como volver del monoteísmo dualista al no-dualismo del signo que se quiera; los griegos no ignoraron la unidad, lo que rechazaban era que esta pudiera revelarse de una vez para siempre. Por el contrario, es nuestra forma de querer forzar la unidad en una sola Ley la que está condenada al fracaso no sin antes convertirlo todo en un desierto. Sin duda hacer ciencia es buscar unidad, pero la unidad no la soportamos nosotros, sino que nos soporta, y esto es sencillamente incompatible con la forma actual de entender la ley física.

Sería ridículo pensar que un sistema autónomo de alta no linealidad y respuesta inmediata, un abejorro o un ínfimo mosquito, tengan que cambiar en tiempo real sus marcos de referencia para que su comportamiento no entre en conflicto con las leyes conocidas de la física. No, sus coordenadas únicas e intrínsecas demandan el mínimo de restricciones y el máximo contacto implícito con el sustrato que las abarca todas. Dicho de otro modo, demandan un tratamiento inteligente del principio de equilibrio dinámico que empieza por la física misma, siendo lo cognitivo y el control secciones o aspectos emergentes, no añadidos como si se tratara de un barniz. Una dinámica de lo nuevo, no una mecánica para encajarla en lo viejo, porque esto último ya ocurre permanentemente sin necesidad de teorías.

Vida y muerte, ascenso y descenso

La manipulación de la vida con las biotecnologías tiene lo necesario para desencadenar el más profundo cisma y la más grande conflagración entre seres humanos que hayamos conocido. Tarde o temprano la gente se verá obligada a definir su posición al respecto y esto, por más que se intente instrumentalizar, romperá por completo todos los lineamientos políticos conocidos basados en el cálculo de intereses.

Bruce Sterling escribió en su momento una recordable fuga sobre las pugnas entre formadores y mecanicistas en un horizonte de singularidad tecnológica, pero como a toda buena *phantasy* anglosajona no podemos pedirle que tenga mucho que ver con el mundo real.

La mecanología francesa y Deleuze en particular distinguió entre máquinas simples o mecánicas en el sentido más newtoniano de la palabra, máquinas energéticas más sensibles a la entropía, y máquinas digitales o informáticas que configuran nuestra moderna sociedad del control[44].

Es cierto que hoy la sociedad del control, tan encimada sobre nosotros, sigue siendo el horizonte que separa lo pensable y lo impensable en una perspectiva tan limitada que se abruma con lo que pueda pasar en la batalla 5G. Pero lo realmente "disruptivo" a todos los niveles va a ser la actitud que adoptamos ante la vida, de respeto o de intervención, porque va a ser esto, y no el cálculo, lo que determinará "la cuarta generación de máquinas", que dependerá de cómo entendamos la vida y cómo entendamos lo mecánico, y por supuesto, de qué es lícito e ilícito en la conexión entre ambos.

Gregory Bateson, pionero en propaganda militar y publicidad encubierta, gustaba de hablar de manzanas y aún más de sugerirlas. Recordemos sólo dos citas. La primera: "Sabíamos cómo poner un cajón encima de otro para llegar a la manzana, y el hombre occidental se vio a sí mismo como un autócrata con poder absoluto sobre un universo que estaba hecho de física y de química. Y los fenómenos biológicos tendrían, finalmente, que ser controlados como procesos en un tubo de ensayo. (...) Pero esa arrogante filosofía científica está ahora obsoleta, y en su lugar alboreó el descubrimiento de que el hombre es sólo una parte de sistemas más amplios, y que la parte nunca puede controlar el todo"[45]. La segunda: "La cibernética es el mayor mordisco al fruto del Árbol del Conocimiento que la humanidad ha dado en los últimos dos mil años"[46].

Si este era el mordisco, podría uno decir, sin duda se quedó con las ganas; aunque seguramente sólo se trataba de resultar tentador. Por otra parte, la idea hoy en vigencia de la cibernética como serpiente que se muerde la cola es mucho más pragmática que en las ya lejanas teorías de sistemas: poco importa que el sistema sea incomprensible, siempre que podamos controlarlo. Es decir, lo que se trata es de controlar sus entradas y salidas, de modularlas. Que nadie entiende nada, eso ya presupone. La tentación del bien y del mal nunca es el conocimiento, que es sólo una excusa, sino el poder.

La cibernética llegaba demasiado tarde dentro de un determinado ciclo como para traer cosas nuevas, de hecho lo que se pretendía era relevar a unas viejas figuras del conocimiento científico cada vez más desfasadas, ponerse al día. Ahora bien, lo que se procura en la cibernética es controlar los sistemas desde arriba, no desde abajo, pues de lo que hay abajo se intenta hacer el menor número de hipótesis posibles. La eficacia del control en tiempo real depende en gran medida de eso.

En este sentido los bucles de realimentación en la entrada y salida de datos masivos, ya sea para el dominio de los nichos de mercado o para la modulación de la opinión pública son ya interfaces masivos para el control de poblaciones, ingentes pero inadvertidos artefactos biopolíticos en cuyo seno nos movemos. Están ya en la zona límite de contacto con nuestra vida, pero, al menos según nuestros propios criterios dualistas de percepción, lo hacen sólo a través de nuestra conciencia, con lo que aún no han traspasado la frontera de la intervención directa. Lo que queda por conquistar es nuestro consentimiento a dicha intervención.

En realidad todo aquello con lo que Bateson jugaba como con un acertijo, lemas y definiciones tan impagables como "la diferencia que hace una diferencia" para referirse a la información, su estricto contemporáneo Gibson había conseguido concretarlo. Sorprende entonces que no se conozca más el valor y sentido de su obra. Esto, por lo que hace a lo cualitativo e intrínseco de la información. En cuanto al sentido más cuantitativo, el del puro cálculo, hace mucho que tenía que haber estado claro que las únicas diferencias que hacen una diferencia son las diferencias finitas, puesto que atañen tanto a la diferenciabilidad como a la escala de resolución. Y sin embargo esta aparente platitud no era bienvenida en un cálculo que desde el principio nos había brindado la halagüeña ilusión de dominio, si no sobre lo infinito, al menos sobre su contraparte infinitesimal.

Así que el proyecto de dominio de la ciencia moderna tiene una secuencia de causalidad ascendente y otra descendente. La ascendente o constructiva se aúpa hacia arriba desde partículas indivisibles, átomos, moléculas, células, órganos, organismos, poblaciones, etcétera. La descendente subsume las colecciones de elementos en leyes generales, ya sean deterministas, estadísticas, o una mezcla de ambas. Sin embargo y como no podía ser menos, es materia de fe y dogma que en los sistemas naturales es lo de abajo lo que afecta a la salida global, pero lo global no puede afectar a lo de abajo, compuesto por definición de bloques impenetrables. Así tenemos, por ejemplo, el llamado por los mismos especialistas "dogma central de la biología molecular" — dogma que las enzimas que sintetizan las proteínas ignoran continuamente, puesto que crean distintas moléculas en función de imponderables condiciones del medio.

Es sumamente comprensible que los humanos que quieren controlar la naturaleza procuren desterrar la idea de que la naturaleza tenga formas de control que podrían entrar en conflicto con las de los humanos o arrojar sobre ellas una indeseable luz. Por eso se habla tan poco del ridículo al que está sometido el dogma central en cada una de nuestras células, y que los laboratorios se esfuerzan heroicamente en ignorar. Hace ya muchas décadas que Faustino Cordón mostró sobradas evidencias de que las proteínas globulares, nuestras actuales enzimas, eran entidades vivas por derecho propio, pero ahora que tenemos miles de veces más información y datos hacemos todo lo posible para mirar a otro lado para poder seguir pensando en un Código de la Vida que nos franqueará las puertas hacia todos los milagros.

La exquisita especificidad del ensamblaje macromolecular da buena fe de que estos elementos discretos siguen actuando bajo las leyes de un medio continuo con propiedades muy determinadas. Nos atenemos a las moléculas porque es lo directamente manipulable, mientras que la interacción con el medio ambiente es mucho más elusivo a nuestro cálculo y control. Las partículas por sí solas son completamente tontas, de ahí la cara que se les quedaba a los físicos con el efecto Aharonov-Bohm a pesar de ser un aspecto elemental incluso de la física clásica. Ahora bien, la misma fase geométrica presente en este efecto puede medirse y calcularse con exactitud en biopolímeros como el ADN, al que hoy se retuerce exactamente igual que si fuera una toalla[47]. Pero, manipulaciones humanas aparte, esta sensibilidad a la fase es una forma de acusar el potencial del medio que, efectivamente, se parece mucho a un campo de información, aunque no en el sentido humano del término. Una comparación mucho más adecuada es la de los potenciales termodinámicos con la posibilidad de acción que brindan a los agentes inmersos en ellos.

Nos resistimos a ver finalidad en la naturaleza simplemente porque nuestras finalidades intencionales son incompatibles con la finalidad espontánea que ella exhibe.

Algunos han contado dieciocho interpretaciones distintas de la mecánica cuántica y con un poco de paciencia podríamos llegar a las dieciocho mil. No es que una interpretación no pueda ser importante, de hecho puede serlo incluso mucho más que el cálculo, pero a condición de que se comprenda bien lo más obvio, que es su conexión con los fines. Lo cual supone desactivar la subversión de las causas finales en la naturaleza por nuestros particulares motivos, circunscritos en la palabra "predicción".

A diferencia de las matemáticas, en física local y global no significan "pequeño" y "grande". La cuestión de "lo de arriba" y "lo de abajo" no es un mero problema lógico de inducción y deducción, también es un problema de una formulación precisa de las transiciones de escala y su relación con cosas como la fase geométrica; y no es un problema sólo formal o geométrico, sino estadístico y material. Como recuerdan Mazilu y Agop, la descripción de la materia es materia de escala por definición, pues de lo que se trata siempre es del "grano grueso"; sólo así podríamos salir de las aporías del continuo y la apariencia.

El mapa no es el territorio; tratemos de ver lo que esto significa en relación con el problema del marco de referencia, que se superpone al de la inercia. En el mecanicismo inercial el sustrato sólo puede ser pasivo, por más que esté realizando constantemente operaciones imprescindibles para el mantenimiento de los principios conservativos. Con el principio de equilibrio dinámico el sustrato vuelve a ser activo incluso si nos abstenemos de caracterizarlo. La definición o resolución es parte de esa actividad hasta ahora dada por supuesta. Resulta fácil estar de acuerdo con que el principio de relatividad de escala no sólo atañe a la física sino que se trata de un principio del conocimiento en general, uno de los que con más gusto hubiera suscrito Leibniz —especialmente si hubiera podido enmendar su idea del cálculo; lo que ya me parece más discutible, habida cuenta de la aplicación de los criterios de Hertz para el punto y la partícula material, es si se debería partir de las dos teorías de la relatividad hoy en boga o de la teoría de la relatividad original de Weber, que, tal vez, permita rectificar los problemas de ajuste y no diferenciabilidad que plagan este proyecto. La ley de Weber es ya una puerta natural al cálculo de umbrales o diferencias finitas.

Lo único que puede sustituir con ventaja al cálculo es estar ahí donde el cálculo no está; conciencia es lo que solíamos llamar a eso, y eso es lo que significa que el mapa no es el territorio. El cálculo ha sido tanto herramienta como expresión del instinto de presa, así que no deja de haber justicia poética en el hecho de que haya ignorado lo más fundamental en su análisis, allí donde había que pasar de la matemática a la física y el movimiento real. Reconocer esta extralimitación sería reconocer otras muchas, pues en poco más de un siglo hemos pasado de la Metafísica, la especulación con conceptos desnudos, a la Metamática, la especulación vestida de cantidad y cálculo llevada más allá de cualquier sentido de la proporción.

Hay todavía un destino glorioso en la Física, que consiste justamente en invertir la tendencia especulativa que hoy ha puesto a la matemática a su servicio. Para Descartes el modelo del pensamiento era la geometría; para Kant, proponente de un plano trascendental, el modelo había pasado a ser la física newtoniana, irreducible ya a lo geométrico. Se ha dicho luego que la teoría de la relatividad invalidaba muchos de los supuestos kantianos, pero eso es confundir planos y cosas. Lo crítico del horizonte trascendental, más allá del idealismo, es que en la realidad física hay algo más que en la matemática, y por lo tanto, es buscando eso que la propia realidad matemática se profundiza, y sólo se profundiza cuando advierte lo precario de su fundamento.

Si hablamos antes de una piedra de fundamento y una piedra angular, está claro que el gesto de culminar coincide con el de conmover el cimiento o desafirmarlo. La piedra de toque de cualquier veracidad es la irreversibilidad y lo abierto como origen de los sistemas reversibles cerrados, con la que podemos volver a descender de las nubes una vez que hayamos rectificado nuestra idea general de la naturaleza y de la dinámica. Y puesto que el instinto desinteresado de conocimiento es mucho más fuerte en la física que en la biología, igualmente es mucho más probable que lleguemos a su común verdad a través de la primera que de la segunda, pues después de todo en el actual reparto de poderes la biología nunca ha dejado de ser una especialidad dominada y subalterna.

Cabe entonces suponer que hay una integración desde arriba hacia abajo que nada tiene que ver con nuestros intentos de integración y control, y del que el modelo biofísico de la alternancia respiratoria con su desplazamiento de fase entorno a un centro nos da un perfecto y accesible arquetipo, e incluso un modelo experimental y para cl cálculo en términos de energía cinética y potencial, así como de eficiencia. Este modelo puede ser evaluado tanto por el principio de eficiencia de Ehret como del principio de máxima potencia y consumo de Lotka. Esto tendría que ser relevante para nuestra idea de la dinámica, del proceso de individuación en diversos tipos de entidades, desde los seres humanos a nuestras economías, que hoy no pueden estar más alejadas de los criterios de eficiencia de la naturaleza.

La singularidad que tenemos en nuestro propio cuerpo y detrás de nuestra agitada consciencia me parece infinitamente más interesante que esas otras surgidas como patologías del cálculo, aparte de ser más accesible a la medida y el seguimiento. Desde una perspectiva elementalmente biofísica, puede mostrarnos el modelo por excelencia de convergencia entre la causalidad eficiente, causalidad final y causalidad singular. Y aunque en este caso particular se ignoren las cuestiones de "física fundamental" tal como ahora suelen entenderse, la conexión básica con las teorías de campos en términos de tensiones y deformaciones, unidas a la conexión con la fase geométrica, por un lado, y las cuestiones sobre la irreversibilidad termodinámica y los sistemas abiertos, por otra, ya lo hacen más que suficientemente fundamental en la escala humana de cosas y en aquello que nos lleva más allá de esa escala.

El horizonte de la fusión hombre-máquina es pura fuga y escapismo, arrastrados, nadie lo duda, por la fuerza de la huída de la sociedad en general. A esta suerte de "dinámica" sólo se le quiere oponer, bien que a otro nivel que el de masas a la deriva, el modelo cibernético del control de esas masas. Pero el *telos* de lo cibernético es la autopreservación y reproducción de lo mismo. Puesto que las máquinas no tienen aún capacidad de autorreproducción se utilizan a los organismos biológicos para asistir en esta tarea de autoperpetuación, a tal punto, que siempre se plantea la pregunta de si no sería un alivio para la vida en general que las máquinas se reprodujeran. Sin embargo el "cierre operacional" de los sistemas, como lo llamaba Luhmann, lejos de garantizar la eficiencia total o la ausencia de fricción lo que asegura es la degeneración sistémica y la descomposición de los vínculos entre sus partes. Evacuar la novedad, sustituyéndola por otra ya prefabricada no puede tener otro resultado que el de dejar de sentirse vivo, por más que también de esto se saque partido.

Está claro que toda esta mentalidad de embudo está dispuesta para no salir de una misma narrativa, aunque, por supuesto, siempre se nos quiere *empoderar,* que equivale a poder olvidarnos un poco de que no queremos lo que queremos.

¿De qué voluntad de poder puede hacer gala el hombre prometeico si está obligado a querer por todo? ¿A qué se va a atrever si a nada se puede resistir? Ya puede hacer lo que quiera, que no por ello se hará más dueño de sí mismo.

He dicho en otra parte que la liberación de nuestra naturaleza coincide con la liberación de nuestra idea de la naturaleza, y que ambas constituyen una sola y sagrada misión. ¿Liberarla de qué? Liberarla, primero de todo, de los sacerdotes y fanáticos de la Ley. Sencillamente, o vive la ley o vivimos nosotros; si parece que aún hay término medio, es porque la ley vive a nuestras expensas.

Buscar el dominio de la naturaleza, complacerse en él, es buscar el dominio del hombre por el hombre y complacerse en él igualmente. La sociedad humana se vuelve de espaldas a la naturaleza externa pero reproduce su interna naturaleza y la exterioriza hasta que deja de reconocerse en ella. Dividir el movimiento del mundo en una parte activa que es la fuerza y otra parte pasiva e inerte ya tiene incorporado el dualismo en lo más básico de su planteamiento y suscribir esta situación es perpetuarla. La única forma de terminar con esto es prescindir por completo de la idea de la inercia y ascender por el enorme hueco que se abre con esta sencilla jugada.

Dejar de "apretar el botón" como consolación de nuestra impotencia llamaría a aquello que se quiere liberar desde lo más profundo de nosotros. El espíritu siempre tendrá que elegir entre ir hacia abajo o ir hacia arriba, entre el embotamiento o el despertar, entre la disociación y la recuperación de la unidad de entendimiento y vida.

"Ayúdame y te ayudaré", le dijo al artista el espíritu de la materia. Es imposible ver a dónde nos conducen estas cosas, y de ahí su interés, a diferencia de lo otro que siempre se convierte en lo mismo. Si el hombre quiere ayudarse de la naturaleza para mejorarse, la naturaleza humana se pondrá en marcha y se activará, en eso consiste nuestro optimismo. El camino conocido sólo puede conducir a más de lo ya conocido.

Si en este mundo la evidencia primaria es que todo es movimiento hasta en lo más ínfimo, y nos empeñamos en considerarlo un mecanismo inerte, no hay otra forma de sobreponerse a la evidencia que explicarla por una puesta en acción en un plano completamente diferente, donde para empezar nos saltamos todas las leyes de conservación. Esta y no otra es la razón profunda, enteramente teológica y de disposición interna, del modelo cosmológico estándar, no las predicciones ni su ajuste a las observaciones, pues ya hemos recordado que, en contra de una narrativa descaradamente falsa, las mejores y más antiguas predicciones de la radiación de fondo, con gran diferencia, fueron las que asumían un universo en equilibrio dinámico, no en estado estacionario ni en expansión.

Nada nos puede extrañar cuando ya se nos propone el universo como un *supercomputer*, formidable ejemplo de cómo la ciencia actual nos libra del antropomorfismo. Se nos dispensará entonces si abogamos por ir en la dirección contraria, ayudados por los metamateriales, por ejemplo. Mazilu, otra vez, exhumaba hace unos años el descubrimiento por Irwin Priest en 1919 de una sencilla y enigmática transformación bajo la cual el espectro de radiación de cuerpo negro que motivó la famosa fórmula de Planck rendía una distribución gaussiana o normal. No hay ni que decir que para entonces la citada ecuación se iba asentando con categoría de ley. Sin embargo Priest, aun siendo consciente de la importancia de la interrogante planteada, fue incapaz de acercarse a una explicación física de la transformación[48].

Mazilu intenta hacer una suposición bien fundada del ajuste exquisito de la fórmula de Priest admitiendo que no tenemos una interpretación física para la raíz cúbica de la frecuencia que plantea la transformación. Refiriéndose a la radiación cósmica de fondo, "y tal vez a la radiación térmica en general", el físico rumano, ahondando siempre en la lógica del continuo, no puede evitar pensar en un tensor de tensiones electromagnético con unos componentes promedio en el plano que entrarían en tal relación. En sus conclusiones trae a colación los rayos y paquetes de Airy que surgen en la vecindad de las cáusticas, no menos que en los pozos electrónicos, y que hoy se asocian a través de Berry con la cuantización pero que podrían ser tan independientes de ella como la misma fase geométrica.

La fascinante reconstrucción histórica de las tramas que aquí se mueven nos llevaría muy lejos y el propio Mazilu junto a Agop le dedica al "momento de Airy" hondas reflexiones en su exploración de la relatividad de escala[49]. El artículo de Priest fue olvidado casi por completo y curiosamente de este físico apenas se recuerda su dedicación a la colorimetría, en la que estableció un criterio de temperaturas recíprocas para la diferencia mínima en la percepción de colores[50]. Mazilu cierra su suposición recordando que "debería hacerse mención de que tal resultado bien podría ser específico de la forma en que las medidas de la radiación se hacen habitualmente, a saber, mediante un bolómetro"[51] .

Todo lo cual nos lleva a pensar que, si se están utilizando compuestos de metamateriales para "ilustrar" los agujeros negros mediante la selección de los parámetros macroscópicos de las ecuaciones de Maxwell con los atributos cuasimágicos de la óptica de transformación, con mucha más legitimidad y pertinencia se pueden buscar los parámetros que justifican físicamente la transformación de Priest; por supuesto ya se ha conseguido modular rayos ópticos de Airy, que no se dispersan pero se aceleran, con una distribución gaussiana[52]. A estos artificios que confrontan la ingeniería inversa de la matemática sobre la naturaleza con otra ingeniería inversa que la busca donde la matemática no acierta a producirla podemos llamarlos metamáquinas. Vuelta de tuerca al principio de Vico por los ingenieros, están destinadas a jugar un papel creciente en la investigación toda vez que la era de los grandes proyectos se acaba y se pone cada vez más en duda el lugar de lo derivado y lo fundamental.

Naturalmente la construcción o reconstrucción de la transformación de Priest cuestionaría la necesidad del desarrollo de toda la mecánica cuántica, lo que constituía la motivación de Mazilu para empezar. Las consecuencias que esto pueda tener a estas alturas ya son más difíciles de evaluar, cuando se da por hecho que esta mecánica tan poco mecánica está más que bien asentada. También hay numerosos dispositivos experimentales y hasta en el mercado que ponen en cuestión principios tan universalmente aceptados como el de indeterminación de Heisenberg[53], y nadie se molesta en revisarlo, sino que a lo sumo se añaden nuevos términos de corrección, nuevos epiciclos. "Lo que funciona, funciona."

Tampoco se puede anticipar si podría tener alguna incidencia en la cosmología, donde cabría utilizar estos metadispositivos igual que los ojos de Gibson exploran su caverna. ¿Agujeros negros, principio holográfico, el gran superodenador? Un equipo chino de la Universidad de Nanjing explica cómo utiliza la fase geométrica para encontrar nuevos grados de libertad en metasuperficies codificadas digitalmente con muchas aplicaciones prácticas[54]. Sin embargo, centrándonos en estas aplicaciones lo que hacemos una vez más es atenernos a los aspectos controlables desinteresándonos de todo lo demás. Haría falta un poco de ambición teórica. Justo cuando se atisba otra luz y se nos presenta la sublime oportunidad de devolver la microfísica de la materia al dominio del continuo nos volvemos corriendo a la caverna para dedicarnos diligentemente a nuestras cosas.

Naturaleza es continuo, apariencia discontinuidad. Habría que ponerse donde la termodinámica cuántica quiere ponernos desde un principio, con un número de estados mucho mayor que el que la mecánica cuántica contempla. El conjunto de verdaderos estados de un diminuto bolómetro podría ser mayor que el del omnicomprensivo ordenador cuántico del universo, la megamáquina última según el fundamentalismo digital.

El continuo es metaempírico o trascendental, pero su reconocimiento es el fondo que transfigura todo este escenario.

Este continuo puede ser reconstruido sin ningún límite predefinido, incluyendo cualquiera de los que la mecánica cuántica quiera interponer. De hecho, si la escala de Planck se revelara insuperable, sería por argumentos de continuidad y relatividad de escala, no por una cuantización de un supuesto cronómetro del universo; este sólo aspecto permite confrontar ambas concepciones, aunque la relatividad especial no es algo que merezca calificarse como una teoría continua.

Esa reconstrucción del continuo con independencia de cualquier aplicación práctica ya es de por sí unificación en el sentido más puro del término, actividad reflexiva que se vale del cálculo y el experimento. Proceso que se encuentra en la antípoda de la especulativa empresa de la unificación como conquista de todo el territorio. La única forma de ahondar en la unidad es perderla de vista como objetivo; lo deliberado del más mínimo gesto unificador lo delata ya a la legua. Ya se dijo que no hay unificación deliberada por la que no hayamos pagado un precio tan alto como el de su éxito. Atender la continuidad es fórmula infalible para desembarazarnos de nuestras pretensiones y la de los otros, para olvidarnos de los gestos deliberados y ensayados. Esperemos que algún día la unificación deje de ser un desafío deportivo al que uno se apunte simplemente "porque está ahí", como el Everest.

Con esta ingeniería inversa tecnológica de la ingeniera inversa científica cerramos un círculo nunca bien asumido por el sacerdocio teórico pero que siempre estuvo cerca del experimentador y el técnico. En una tecnociencia idealmente anfibia, ser mitológico todavía por consagrar, principios, medios y fines deberían fluir en ambas direcciones por igual; sabemos cuánto se aleja la realidad de eso y tampoco ignoramos del todo los motivos. Que este ser mitológico nos parezca un monstruo es la mejor prueba de que aún no se ha reconocido a sí mismo. Pero ya sea como doble dragón o como águila bicéfala, su instinto y vocación no puede dejar de estar reñido con el de esa otra serpiente de la dirección única que tiende a un fatal aislamiento.

Al final la voluntad de poder tecnocientífica es sólo la incapacidad de poder querer otra cosa, a la que no hay más remedio que llamar destino. Nada hay más cómico que un científico fatalista a no ser que pensemos en un fatalista liberal, pero había que llegar a esto. Si Whitehead dijo que no es que hagamos elecciones porque somos libres, sino que somos libres porque hacemos elecciones, habría que añadir que tampoco hay destino sin la elección ni consciencia de elección.

Una extendida fantasía quiere que en el desarrollo del conocimiento en cualquier civilización o planeta sólo es cuestión de tiempo pasar por los mismos estadios de descubrimiento y desenvolvimiento tecnológico; pero basta mirar con un poco de atención nuestra propia historia para ver lo contingentes que son los grandes momentos y cristalizaciones y hasta qué punto dependen de los azares del conocimiento disponible y el orden de sedimentación de las teorías. Sólo una tecnociencia idealmente anfibia sería capaz de eliminar esas formas de acumulación que a la larga garantizan el estancamiento, por más que sea mucho pedir dentro de las actuales estructuras o de cualquier estructura en general. Esto se halla en perfecta sintonía con la interpretación directa de los procesos de restricción, envejecimiento y degeneración en el cuerpo que tanto nos resistimos a aceptar, lo que muestra hasta qué punto la naturaleza se adueña de los procesos históricos. Ni siquiera se eligen las narrativas, simplemente se amoldan a lo que hay que justificar. Pero la sociología científica no es nada comparado con el misterio de la creación y la regeneración. La biología los exhibe, la física-química los custodia. Y está muy bien que así sea; es doblemente bueno que sea así.

No hará falta decir que el Continuo físico no puede confundirse con la mera continuidad geométrica, de cuya insuficiencia hace tanto que nos hemos hecho conscientes. Este Continuo incluye en sí la unidad o continuidad entre la geometría y el carácter indiscutiblemente discreto de la aritmética, las entidades y sus operaciones en el tiempo. A la depuración del Cálculo finito, que nunca puede ser más análisis que síntesis, le corresponde la tarea infinita de mediar entre ambos con la ayuda de su no menos operacional compañera el álgebra. El mismo carácter físico del Continuo se convierte entonces en la fe más ilimitada y conmovedora, porque queremos en él la eterna síntesis viviente que encarna y da sentido a nuestros esfuerzos dispersos.

¿Espontáneo o automático?

Casi toda la luz que vemos y de la que depende tan directamente nuestra vida se produce, según la física moderna, por "un proceso" al que se conoce como "emisión espontánea". Los físicos son los primeros que encuentran chocante tener que recurrir a una palabra como ésta, pero está claro que no se ha encontrado otra mejor.

Podemos excitar la materia para que libere su luz, aumentando su calor, por ejemplo; pero el acto íntimo por el que el más mínimo destello —eso que llaman "fotón"— es emitido siempre escapa a nuestro control, es "espontáneo". ¿Puede haber algo más significativo?

"Espontáneo" es lo que carece de causa ulterior, y por tanto, equivalentemente, aquello que es autocausado o es causa de sí mismo. Que un fenómeno se explique por un giro reflexivo sobre sí no es algo que esté en el estilo inquisitivo de la física; si a pesar de todo se incurre en ello sistemáticamente, significa tan sólo que estamos ante algo irreductible.

Tampoco deja de haber una doble ironía en esta circunstancia. Justamente en casos como éste, en que algo se presenta "espontáneamente", nos resistimos a la resignación y reclamamos profundizar en el mecanismo subyacente, pues ésa y no otra será siempre, decimos, la eterna vocación de la física; pero por otro lado, son los físicos los primeros en haber renunciado a la aclaración del mecanismo y el porqué. ¿En qué quedamos?

Y sin embargo, ya hemos visto que, incluso desde un punto de vista clásico, la única forma admisible de causalidad sólo puede ser de naturaleza estadística o probabilística. No hay por tanto aquí contradicción, pero sí el primer signo de exaltación de algo que aún cuesta reconocer.

Por supuesto también para problemas "últimos" en cosmología y teorías de campos se habla de ruptura espontánea de la simetría, con lo que es fácil ver que lo que estamos en realidad es ante un último recurso, y en tal tesitura resulta indiferente si hablamos de la naturaleza o de las limitaciones de nuestro conocimiento.

Basta con insistir en la demanda de un mecanismo explicativo para que los físicos se cierren en banda; basta con insistir en que la explicación por un mecanismo es imposible para que los físicos empiecen a preguntarse porqué. Ahora bien, si lo espontáneo es el último recurso dentro de una física enteramente dirigida por la predicción, tal vez baste con salirse de la prioridad predictiva para que empiece a ser el primero; al menos no dejaría de haber una profunda lógica en ello.

Pero, ¿qué se puede ganar aquí si no es en capacidad de predicción? Se puede ganar en contexto, y al final el contexto lo es todo. Especialmente en los casos de último recurso.

El segundo gran momento de Planck en la historia de la física es cuando en 1911 introdujo el campo electromagnético del punto cero para sortear las ideas de Einstein sobre la discontinuidad en los procesos de emisión y absorción. Con el establecimiento definitivo de la mecánica cuántica, la emisión espontánea vino a sobreentenderse como algo indisociablemente unido a las fluctuaciones del vacío.

Algunos de los proponentes de la electrodinámica estocástica, como Trevor Marshall, propusieron que, al igual que un fotón ultravioleta de un láser se descompone ("espontáneamente") en dos fotones visibles de más baja energía, debía existir un proceso inverso capaz de crear un fotón de alta frecuencia a partir de dos fotones de frecuencia más baja[55]. Desde 2009 varios equipos han detectado este proceso[56],[57]. Otros autores han considerado también la posibilidad de absorción espontánea usando las derivaciones de la distribución de la radiación de cuerpo negro[58].

Sin duda estos y otros trabajos para ver "la cara oculta de la Luna" tendrían más repercusión si la explicación de lo espontáneo en física se valorara tanto como la predicción. Los trabajos de Marshall, Boyer y otros[59] muestran que puede encontrarse una explicación clásica y local para los fenómenos que implican la constante h de Planck —el mismo espectro de radiación de cuerpo negro ha de derivarse de la radiación del punto cero, que es el vacío y el mismo Éter electromagnético entendido no meramente como medio sino como promedio entre el espacio y la materia. La reacción radiativa, las fluctuaciones del vacío y el problema cuántico de la medición son aspectos íntimamente ligados que parecen admitir una descripción clásica[60].

Lo espontáneo surge desde los niveles más profundos de la realidad física y la relación entre espacio, materia y movimiento. Buscar el fondo y contexto del que surge lo espontáneo es procurar ir más allá de la causalidad, pues la idea de causalidad procede de la conexión eventual de niveles superpuestos cuando estos se antojan diferentes, y lo espontáneo es su realineación y trasparencia no forzadas.

¿Cuál era la palabra griega para lo espontáneo? Sorprendentemente, la palabra que emplea Aristóteles es *automaton*, que para nosotros sería lo más opuesto a lo espontáneo que cabría concebir, si bien es cierto que para el filósofo tendría el sentido de lo que acontece de forma accidental e inesperada. En tal sentido, es lo contrario a la naturaleza ordinaria o *physis*, que si porta el sentido más moderno que atribuimos a la espontaneidad[61].

Se está tentado a pensar que espontáneo es cualquier proceso que no está causado o forzado por la necesidad —todo lo que no es mecánico o maquinal. Ahora bien, ya hemos visto varios criterios diferentes de lo mecánico: la inclusión del principio de inercia, y la vigencia del tercer principio de acción-reacción, que se aplica a los sistemas cerrados. ¿Cuál de las dos es aquí más pertinente?

No hay una razón profunda para decir que la acción y reacción en el ejercicio de una fuerza no sean espontáneas; otra cosa es que no sean propiamente un proceso, sino las dos caras de un solo hecho. Tampoco la inercia de una bola que rueda es algo más mecánico que espontáneo. Sin embargo, tanto el primer principio como el tercero tienen un aspecto doble, mientras que la espontaneidad, en tanto que ser irreductible, es moneda de una sola cara.

Como la emisión de luz, la desintegración radiactiva tendría que ser también un proceso espontáneo; sin embargo Shnoll y otros han mostrado a lo largo de muchas décadas "la ocurrencia de estados discretos durante fluctuaciones en procesos macroscópicos" del tipo más variado, desde reacciones enzimáticas y biológicas hasta la desintegración radiactiva con periodos de 24 horas, 27 y 365 días, que obviamente responden a un patrón astronómico y cosmofísico[62].

Sabemos que esta regularidad es "cribada" y descontada rutinariamente como "no significativa", en un ejemplo de hasta qué punto los investigadores están bien enseñados a seleccionar los datos, pero, más allá de esto, la pregunta sobre si tales reacciones son espontáneas o forzadas permanece. La respuesta también: uno las llamaría espontáneas incluso en el caso en que pudiera demostrarse un vínculo causal, desde el momento en que los cuerpos parecen contribuir con su propio impulso.

¿O deberíamos decir más bien que, con su propio retroceso, los cuerpos contribuyen con una creación de espacio? Mientras no falte, el espacio es algo que siempre damos por supuesto, en física igual que en cualquier otro dominio de la experiencia. La tendencia hacia la máxima entropía sería igualmente un proceso espontáneo, y de hecho fue en termodinámica, antes que en mecánica cuántica, que se empezó a hablarse de procesos que liberan energía y tienden a los estados más estables.

C. K. Thornhill propuso una teoría cinética de la radiación electromagnética con un éter gaseoso compuesto por una variedad infinita de partículas, de manera que la frecuencia de las ondas electromagnéticas se correlaciona con la energía por unidad de masa de las partículas en lugar de la energía sin más, lo que permite una derivación de la distribución de Planck mucho más simple. Los breves escritos de Thornhill pueden brindar indicaciones relevantes sobre otros problemas no menos importantes, desde la cosmología a la aritmética y la ley de potencias[63].

La buena noticia de esto es que la regularidad y estabilidad que observamos en la naturaleza no depende necesariamente de la supuesta uniformidad de los elementos constituyentes. Los electrones o protones del modelo estándar tienen masas mucho más iguales que los tornillos producidos por una fábrica. ¿Qué puede tener eso que ver con la naturaleza? ¿Y por qué motivo algo tan desordenado como una gran explosión inicial habría tenido que producir bloques con valores idénticos? Precisamente un orden es tanto más espontáneo —más natural— cuando menos depende de la uniformidad o simplicidad de sus partes constituyentes.

La conexión entre la física fundamental y las entidades complejas con altos niveles de organización no puede ser sólo una construcción de abajo arriba, ha de tener restricciones del todo a las partes tal como habría que esperar de cualquier teoría de campos. Fundamental no es sinónimo de elemental; sólo cuando acabemos con este malentendido volverá la física a tratar de la *physis*, de los procesos de la naturaleza.

La llama de una vela parece tener mucho más que ver con la realidad de la vida que todas las abstracciones de alto vuelo de la física moderna, y tal vez sea por esto que busquemos una conexión a un nivel mucho más básico entre ésta y el carácter ineluctable de la segunda ley de la termodinámica. El concepto de espontaneidad y la búsqueda del contexto del que emerge es otra forma de retorno a lo más básico, y el hecho de que en física las fórmulas más aptas para la predicción sean también las más recortadas sobre el fondo es lo único que cabía esperar.

La presencia de la idea de espontaneidad en el corazón de la física moderna abre así una vía directa de retorno desde lo más abstracto a lo más inmediato, y desde lo más profundamente encerrado en la materia y en la física como especialidad al caso más general posible de la conciencia; pero para que esta idea prenda haremos bien en encontrarle toda suerte de contextos más cercanos a los de nuestra experiencia ordinaria.

Por otro lado, el principio de equilibrio dinámico que ya mencionamos al comienzo, entendido como superprincipio de equivalencia, permite anticipar que no hay nada mecánico que no pueda transformarse en algo enteramente espontáneo, algo que se mueve por sí mismo. Con todo, más que en lo teórico, será en los casos prácticos, especialmente allí donde se acuse una falta de espacio para la acción —una restricción de los grados de libertad— donde la idea de espontaneidad puede hacerse más patente.

Por ejemplo, ¿qué puede parecernos más espontáneo que respirar? Y sin embargo, todos nosotros experimentamos en determinados momentos una *suspensión espontánea* de la respiración, bien sea en momentos de gran atención en la vigilia, o durante el sueño profundo sin sueños, en fases que no han de confundirse con la apnea patológica.

¿Cómo puede producirse una suspensión espontánea de la respiración? Está claro que aquí "espontánea" significa no forzada, también más allá de lo voluntario y de lo involuntario. La suspensión forzada se experimenta como falta de espacio para respirar, como restricción impuesta, mientras que la suspensión espontánea es *una ganancia de espacio adicional*.

Este simple ejemplo podría dar lugar a los más complejos análisis; análisis que, por más alejados que puedan parecer, revelarían en última instancia una analogía apropiada con los viejos problemas de la radiación y el éter electromagnético. Que son cosas muy diferentes, eso ya lo sabemos; lo que ignoramos es cuán íntima puede ser su relación atendiendo a los aspectos más globales ahora descuidados. Ya vimos que una fase geométrica en el ciclo respiratorio, análoga a la que se presenta en sistemas electromagnéticos, parece altamente plausible.

En el ciclo respiratorio lo voluntario e involuntario se interpenetran, y en la suspensión espontánea no hay ni esfuerzo ni automatismo —algo que también podría afirmarse de cualquier nivel óptimo de acción o ejecución, sin necesidad, por supuesto, de que se suspenda nada; la ejecución musical es sólo un ejemplo entre tantos.

En el orden humano espontaneidad sólo puede significar ausencia de esfuerzo y deliberación, de interferencia por nuestra parte; claro que también nuestras ideas sobre qué sea natural son interferencias.

(Continuará)

Referencias (Endnotes)

1. Henri Poincaré, *Ciencia e hipótesis,* Editorial Espasa, 2005

2. David Hestenes, *Spacetime Calculus for Gravitation Theory,*
geocalc.clas.asu.edu/pdf/NEW_GRAVITY.pdf

3. A. K. T. Assis, *History of the 2.7 K Temperature Prior to Penzias and Wilson*

APEIRON Vol. 2 Nr. 3 July 1995Page 79

https://www.ifi.unicamp.br/~assis/Apeiron-V2-p79-84(1995).pdf

4. A. K. T. Assis, *Relational Mechanics and Implementation of Mach's Principle with Weber's Gravitational Force* (Apeiron, Montreal, 2014), 542 pages, ISBN: 9780992045630. Book in PDF format (6 Mb): *http://www.ifi.unicamp.br/~assis/Relational-Mechanics-Mach-Weber.pdf*

5. Alejandro Torassa, *Sobre la mecánica clásica* (1996)

6. M. Reinhardt, *Mach's principle — A critical review.* Zeitschritte fur Naturforschung, (1973)

7. Carver Mead, *The Spectator Interview,* American Spectator, Sep/Oct2001, Vol. 34 Issue 7, p68 *http://worrydream.com/refs/Mead%20-%20American%20Spectator%20Interview.html*

8. Otto Rössler, *Endophysics, The world as interface* (1998)

9. https://en.wikipedia.org/wiki/Internal_measurement

10. Rosen, R. (1996) *Biology and the measurement problem,* Computers & Chemistry. 20 (1): 95–100. doi:10.1016/S0097-8485(96)80011-8

11. Miguel Iradier, *Autoenergía y autointeracción —
Partícula extensa y termodinámica*

*https://www.hurqualya.net/autoenergia-y-autointeraccion-
particula-extensa-y-termodinamica/*

12. Nicolae Mazilu and Maricel Agop, *The Mathematical
Principles of the Scale Relativity Physics*

I. History and Physics *http://vixra.org/pdf/1809.0599v2.pdf*

13. Laurent Nottale, *The Theory of Scale Relativity*, (1991)

*https://www.researchgate.net/publication/260653389_The_
Theory_of_Scale_Relativity/download*

14. Giorgio Agamben, *¿Qué es un dispositivo?*

*http://filosofianews.blogspot.com/2011/10/giorgio-agamben-
que-es-un-dispositivo.html*

15. Schumacher, E.F. (1977) *A Guide for the Perplexed*

16. Emilio Saura Gómez, *La estructura de la percepción en
Raymond Abellio*

http://institucional.us.es/revistas/fragmentos/4/ART%201.pdf

17. Robert Epstein, *The empty brain*

*https://aeon.co/essays/your-brain-does-not-process-
information-and-it-is-not-a-computer*

18. Sabrina Golonka, Andrew D. Wilson, *Gibson's
ecological approach —a model for the benefits of a theory
driven psychology*

*http://avant.edu.pl/wp-content/uploads/SGAW-Gibson-s-
ecological-approach.pdf*

19. Rod Swenson, M. T. Turvey, *Thermodynamic Reasons
for Perception-Action Cycles*

http://www.ecologicalpsychology.com/

20. Mazilu & Agop, op. cit.

21. N, Mazilu, *Mechanical problem of Ether* Apeiron, Vol. 15, No. 1, January 2008

22. Mazilu & Agop, op. cit.

23. Eric J. Chaisson, *Energy Flows in Low-Entropy Complex Systems,* (2015)

https://pdfs.semanticscholar.org/99d4/ d779353709d7e733fb691daa84bc7a6f57d5.pdf

24. Swenson & Turvey, op. cit.

25. Swenson & Turvey, op. cit.

26. T. B. Batalhao, A. M. Souza, R. S. Sarthour, I. S. Oliveira, M. Paternostro, E. Lutz, R. M. Serra,

Irreversibility and the arrow of time in a quenched quantum system

https://physics.aps.org/featured-article-pdf/10.1103/ PhysRevLett.115.190601

27. Mario J. Pinheiro, *A reformulation of mechanics and electrodynamics* (2017)

https://www.heliyon.com/article/e00365/pdf

28. Mario J. Pinheiro, op. cit.

29. Swenson & Turvey, op. cit.

30. Mazilu & Agop, op. cit.

31. Gian Paolo Beretta, *What is Quantum Thermodynamics?*

http://quantum-thermodynamics.unibs.it/WebSite1.pdf

32. Beretta, op. cit.

33. Beretta, op. cit.

34. Miguel Iradier, *Salud, vida, envejecimiento, evolución*

https://www.hurqualya.net/salud-vida-envejecimiento-evolucion/

35. Miguel Iradier, *¿Hacia una ciencia de la salud?— Biofísica y biomecánica*

https://www.hurqualya.net/hacia-una-ciencia-de-la-salud-biofisica-y-biomecanica/

36. Miguel Iradier, *Salud, vida, envejecimiento, evolución*

37. *Flight Of The Bumble Bee Is Based More On Brute Force Than Aerodynamic Efficiency*

ScienceDaily, *https://www.sciencedaily.com/releases/2009/05/090507194511.htm*

38. Sridhar Ravi, James D. Crall, Alex Fisher, Stacey A. Combes, *Rolling with the flow: bumblebees flying in unsteady wakes* *http://jeb.biologists.org/content/216/22/4299*

39. Juan Rius Camps, *La nueva dinámica irreversible y la metafísica de Aristóteles,* Ediciones Ordis, 2010

http://www.irreversiblesystems.com/wordpress/wp-content/uploads/JRC_IYMETAFI.PDF

40. Rius Camps, op. cit. p.76

41. Rius Camps, op. cit. p. 92

42. Miguel Iradier, *Caos y transfiguración*

https://www.hurqualya.net/caos-y-transfiguracion/

43. Emilio Saura Gómez, op. cit.

44. Gilles Deleuze, *Post-scriptum sobre las sociedades del control*

45. Gregory Bateson, *Pasos hacia una ecología de la mente*, Editorial Lumen, 1998

46. Gregory Bateson, op. cit.

47. Joseph Samuel and Supurna Sinha, *Molecular Elasticity and the Geometric Phase* (2018)

48. Nicolae Mazilu, *A case against the First Quantization* (2010)

http://vixra.org/pdf/1009.0005v1.pdf

49. Mazilu & Agop, op. cit.

50. Irwin G. Priest, *A Proposed Scale for Use in Specifying the Chromaticity of Incandescent Illuminants and Various Phases of Daylight*, (1932)

51. Nicolae Mazilu, *A case against the First Quantization* (2010)

52. *Scientists make first observation of Airy optical beams https://phys.org/news/2007-11-scientists-airy-optical.html*

53. Paul Marmet *The Subjectivity of Heisenberg's Uncertainty Relationship*

https://www.newtonphysics.on.ca/heisenberg/chapter3.html

54. Ke Chen, Yijun Feng, Zhongjie Yang, Li Cui, Junming Zhao, Bo Zhu & Tian Jiang; *Geometric phase coded metasurface: from polarization dependent directive electromagnetic wave scattering to diffusion-like scattering.* Sci. Rep. 6, 35968; doi: 10.1038/srep35968 (2016). *https://www.nature.com/articles/srep35968*

55. Trevor Marshall, *Nonlocality —The party may be over* (2002), *https://arxiv.org/pdf/quant-ph/0203042.pdf*

56. Sun, Jinyu; Zhang, Shian; Jia, Tianqing; Wang, Zugeng; Sun, Zhenrong (2009). *Femtosecond spontaneous parametric upconversion and downconversion in a quadratic nonlinear medium*. Journal of the Optical Society of America B. 26 (3): 549–553.

57. S. Akbar Ali; P. B. Bisht; A. Nautiyal; V. Shukla; K. S. Bindra & S. M. Oak (2010). *Conical emission in β-barium borate under femtosecond pumping with phase matching angles away from second harmonic generation*. Journal of the Optical Society of America B. 27 (9): 1751–1756.

58. R. Bora Bordoloi, R. Bordoloi, H. Konwar, J. Saikia and G. D. Baruah, *Spontaneous absorption and Einstein's rate equation approximation, https://www. scholarsresearchlibrary.com/articles/spontaneous-absorption-and-einsteins-rate-equation-approximation.pdf*

59. T. Marshall ha insistido en que si las primeras tentativas de la Electrodinámica Estocástica fueron más bien un fracaso ello se debió en gran medida a no haber tenido en cuenta la estructura extensa del electrón, responsable de aspectos como el espín. De hecho los trabajos de Schwinger ya incluían una partícula cargada con dimensiones. Los desarrollos más recientes de la EE han rectificado esta situación. Véase Giancarlo Cavalleri; Francesco Barbero; Gianfranco Bertazzi; Eros Cesaroni; Ernesto Tonni; Leonardo Bosi; Gianfranco Spavieri & George Gillies (2010). *A quantitative assessment of stochastic electrodynamics with spin (SEDS): Physical principles and novel applications*. Frontiers of Physics in China. 5 (1): 107–122. Bibcode:2010FrPhC...5..107C. doi:10.1007/s11467-009-0080-0

60. Atilla Gurel, Zeynep Gurel, *Source Field Effects and Wave Function Collapse https://arxiv.org/abs/quant-ph/0307157*

61. Brian J. Bruya, *The rehabilitation of spontaneity: a new approach in philosophy of action*

https://pdfs.semanticscholar.org/0920/38aa9aa985f37b643c1c6ae38c0cde568150.pdf

62. S E Shnoll, V A Kolombet, E V Pozharski⌐, T A Zenchenko, I M Zvereva, A A Konradov, *Realization of discrete states during fluctuations in macroscopic processes,*

https://www.researchgate.net/publication/238723521_Realization_of_discrete_states_during_fluctuations_in_macroscopic_processes/download

63. C. K. Thornhill, *The kinetic theory of electromagnetic radiation,* http://vixra.org/pdf/0702.0040v1.pdf. Para Thornhill la velocidad de la luz sería proporcional a la raíz cuadrada de la temperatura de la radiación de fondo, lo que a su vez haría innecesario el escenario inflacionario para el universo más temprano. El modelo primitivo de la teoría de campos, recuerda Thornhill, no es la calibrada y restringida teoría electromagnética de Maxwell, sino las ecuaciones de fluidos de Euler de las que las de Maxwell son un caso particular. En este contexto el concepto de capa límite de Prandtl se presenta naturalmente y nos muestra otro escenario de asociaciones, tanto para la ley de potencias y fenómenos físicos de naturaleza autosimilar, como para la ecuación de Madelung y la relatividad de escala reinterpretada por Mazilu y Agop.